한국어 초급 2 개정판

열려라! 한국어 2

워크북

순천향대학교 한국어교육원 지음

초급

보고사
BOGOSA

집필 및 개정
순천향대학교 한국어교육원 강사진 공동집필

일러스트
순천향대학교 예술학부 애니메이션전공 이재빈 학생

한국어 초급 2 개정판

열려라! 한국어 2 워크북

초판 발행   2011년 8월 22일
개정판 발행 2020년 2월 14일

지은이   sc. 순천향대학교 한국어교육원
발행인 김흥국
발행처 도서출판 보고사

등록 1990년 12월 13일 제6-0429호
주소 경기도 파주시 회동길 337-15 2층
전화 031-955-9797(대표),
        02-922-5120~1(편집), 02-922-2246(영업)
팩스 02-922-6990
메일 kanapub3@naver.com
http://www.bogosabooks.co.kr

ISBN 979-11-5516-963-6 94710
        979-11-5516-771-7 (세트)
ⓒ 순천향대학교 한국어교육원, 2020

음원파일 다운 http://sgee.sch.ac.kr/mp3down

차례

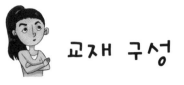

교재 구성

단원	1	2	3	4	5
단원명	날씨	교통	운동	취미	여행
어휘	날씨, 일기 예보, 계절 특징	교통편, 약도, 시간, 교통 수단	운동, 경기, 'ㅅ' 불규칙 어휘	취미, 여가 활동, 'ㄷ' 불규칙 어휘	여행, 관광지 정보
문법	N+은/는+요? A/V + -아/어/여서 (이유) V+-(으)려고 하다 N+(이)나 (선택) A+-게+V V+-(으)ㅂ시다 N+의+N A/V+-겠- (미래) 경음화	A/V+-아/어/여야 하다/되다 N+(으)로 (방향)(도구) A/V+-아/어/여서 (순서) A/V+-(으)ㄴ/는데, N+(이)ㄴ데 (제시) N+에서/부터 N+까지 A/V+-(으)니까 N+한테/께 V+-지 말다	N+마다 N+처럼 V+-(으)러 가다/오다 V+-고 있다 V+-(으)ㄹ 수 있다/없다 N+만 'ㅅ' 불규칙 N+때, A/V+-(으)ㄹ 때 구개음화	A/V+-(으)면 A/V+-거나 못+V V+-지 못하다 V+-(으)ㄹ래요? (으)ㄹ래요 'ㄷ' 불규칙 V+-(으)려고 격음화	V+-아/어/여 보다 A+-(으)ㄴ N+(으)로 (명성, 이유) N+에 관하여/관해(서)/ 대하여/대해(서) V + -(으)ㄹ게요 A+-군요, V+-는군요, A/V+-았/었/였군요 N+같다 N+(이)라(서)/(이)어서
듣기	계절에 하는 운동 일기 예보	집 위치 (대화) 교통 수단 이용하기	일상 (대화) 누나와 나의 취미	취미 일상 (대화)	제주도 여행 (대화) 친구들이 가고 싶어 하는 여행지
읽기	계절에 먹는 음식	지하철 노선도	일상(운동 경기)	한국 대학생들의 취미 조사	나의 여행 이야기
쓰기	좋아하는 계절과 날씨	위치/설명	친구들이 좋아하는 운동	우리 반 선생님, 친구들의 취미 생활	제주도 여행 계획

6	7	8	9	10
친구	병원	생활	연락	요리
색깔, 옷의 종류, 'ㅎ' 불규칙 어휘	병원 종류, 진료, 치료, 신체 부위 명칭, 병 증상	은행, 우체국, 우편물, 편지	편지, 인터넷, 채팅	음식, 요리

V+-(으)ㄴ+N
 	
V+-는+N
 	
A/V+-겠- (추측)
 	
'ㅎ' 불규칙
 	
V+-(으)ㄴ 후에
 	
V+-기 전에
	A+-(으)ㄴ데,
	  V+-는데,
	  N+(이)ㄴ데 (대조)
	
	A/V+-아/어/여도 되다
	
	V+-(으)ㄹ + N
	
	N+씩
	
	N+(이)나 (많음)
	
	A/V+-(으)면 안 되다
	
	'르' 불규칙
	
	N+밖에
		V+-는데요,
		  A+-(으)ㄴ데요,
		  N+(이)ㄴ데요
		  (반응 기대)
		
		A/V+-(으)면 되다
		
		V+-(으)ㄴ 지
		  (시간)이/가
		  되다 / 지나다
		
		A/V+-기, A/V+-기
		  A/V
		
		A/V+-기 때문에,
		  N 때문에
			N+한테(서) / 에게(서)
			  / 께
			
			V+-(으)ㄴ 적이
			  있다/없다
			
			A/V+-(으)ㄴ 것 /
			  는 것 /(으)ㄹ 것 같다
			
			V+-기 위해(서)
			
			V+-게 되다
				A/V+-았/었/였으면,
				  N+이었/였으면
				  좋겠다
				
				V+-기로 하다
				
				V+-(으)ㄹ까 하다
				
				A/V+-(으)ㄹ까 봐
				
				A/V+-(으)면서,
				  N+(이)면서

사진 보고 이야기하기
  (대화)
 	
생일 파티 사진 보고
  이야기하기 (대화)
	아픈 친구와의
	  전화 통화 (대화)
	
	친구 문병 가기 (대화)
		우체국에서 하는 일
		  (대화)
		
		인터넷 부동산 이용하기
			음성 메시지
			
			친구와의 전화 통화
			  (대화)
				한국 음식 (대화)
				
				잡채 만들기

가족사진 보고 묘사하기	나의 건강한 유학 생활	한국의 은행	이메일의 장단점	삼계탕

우리 반 선생님, 친구들
  의 옷, 머리, 신발, 얼
  굴에 대하여 묘사하기
	스트레스를 푸는 방법	고향에 계신 선생님이나
		  친구에게 편지 쓰기
			친구에게 이메일 쓰기	좋아하는 요리 방법
				  쓰기

1과

날씨

1. 〈보기〉와 같이 연결하십시오.

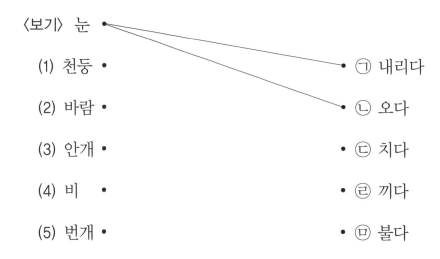

〈보기〉 눈 •

(1) 천둥 •   • ㉠ 내리다

(2) 바람 •   • ㉡ 오다

(3) 안개 •   • ㉢ 치다

(4) 비 •   • ㉣ 끼다

(5) 번개 •   • ㉤ 불다

2. 〈보기〉에서 알맞은 단어를 찾아 쓰십시오.

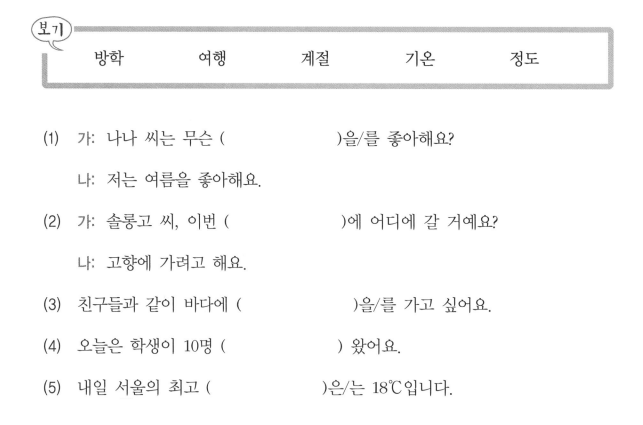

보기				
방학	여행	계절	기온	정도

(1) 가: 나나 씨는 무슨 (   )을/를 좋아해요?

     나: 저는 여름을 좋아해요.

(2) 가: 솔롱고 씨, 이번 (   )에 어디에 갈 거예요?

     나: 고향에 가려고 해요.

(3) 친구들과 같이 바다에 (   )을/를 가고 싶어요.

(4) 오늘은 학생이 10명 (   ) 왔어요.

(5) 내일 서울의 최고 (   )은/는 18℃입니다.

3. 〈보기〉에서 알맞은 단어를 찾아 쓰십시오.

보기

| 막히다 | 필요하다 | 포장하다 | 유명하다 | 돌아오다 |

(1) 그 사람은 아주 (   )아/어/여서 내 친구들도 그 사람을 다 알아요.

(2) 이번 여름 방학에 고향에 갈 거예요. 8월에 (   )(으)ㄹ 거예요.

(3) 선물을 예쁘게 (   )았/었/였어요.

(4) 비가 와서 길이 (   )았/었/였어요. 그래서 약속에 늦었어요.

(5) 시험 시간에 연필과 지우개가 (   )아/어/여요.

| 새 단어 | 늦다 |

1. 다음 그림에 맞는 계절을 쓰고 〈보기〉에서 알맞은 날씨를 찾아 쓰십시오.

보기

춥다	따뜻하다	덥다	시원하다
건조하다	습하다	쌀쌀하다	눈이 내리다

(1)  ( )	춥다, _____
(2)  ( )	_____
(3)  ( )	_____
(4)  ( )	_____

2. 〈보기〉에서 알맞은 단어를 찾아 쓰십시오.

보기

우산	바람	장마철
일기 예보	최고 기온	최저 기온

카잉: 나나 씨, 오늘 왜 (1)(　　　　　　　)을/를 가지고 왔어요?

나나: 오늘 저녁에 비가 올 거예요.

카잉: 그래요? 어떻게 알았어요?

나나: 아침에 (2)(　　　　　　)을/를 봤어요.

카잉: 그런데 저는 (2)(　　　　　　)가 너무 어려워요.

나나: 맞아요. 저도 조금 어려워요. 하지만 매일 봐요.

카잉: 그럼, 내일 날씨도 알아요?

나나: 네, 내일도 비가 올 거예요. (3)(　　　　　　)도 불 거예요.

요즘은 (4)(　　　　　)이에요/예요.

그래서 비가 많이 와요.

내일의 (5)(　　　　　)은/는 15℃이고, (6)(　　　　　)은/는 22℃예요.

1. '은/는요?'를 사용하여 문장을 만드십시오.

(1) 가: 오늘 오후에 우리 반 학생들은 모두 영화를 볼 거예요.

　　나: _____

　　가: 선생님도 같이 갈 거예요.

(2) 가: 저녁에 민수 씨와 같이 농구를 할 거예요.

　　나: _____

　　가: 나나 씨는 시험이 있어서 공부를 할 거예요.

(3) 가: 어제는 한국어를 두 시간 공부했어요.

　　나: _____

　　가: 영어 공부는 오늘 할 거예요.

(4) 가: 내일 2급 학생들 모두 시험을 볼 거예요.

　　나: _____

　　가: 1급 학생들은 수요일에 시험을 볼 거예요.

(5) 가: 저는 불고기를 제일 좋아해요.

　　나: _____

　　가: 된장찌개는 좋아하지 않아요.

1. 〈보기〉와 같이 알맞은 그림을 연결하고 문장을 만드십시오.

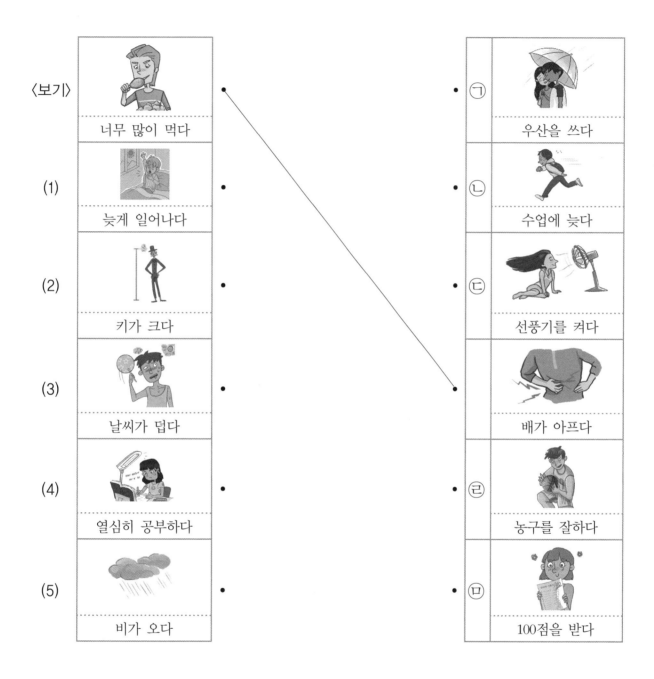

〈보기〉	너무 많이 먹다	㉠ 우산을 쓰다
(1)	늦게 일어나다	㉡ 수업에 늦다
(2)	키가 크다	㉢ 선풍기를 켜다
(3)	날씨가 덥다	배가 아프다
(4)	열심히 공부하다	㉣ 농구를 잘하다
(5)	비가 오다	㉤ 100점을 받다

새 단어	선풍기 켜다

〈보기〉 너무 많이 <u>먹어서</u> 배가 아파요.

(1) _____

(2) _____

(3) _____

(4) _____

(5) _____

1. 〈보기〉와 같이 '-(으)려고 하다'를 사용하여 문장을 만드십시오.

보기

> 가: 주말에 어디에 갈 거예요?
> 나: <u>제주도에 가려고 해요.</u>

(1) 가: 어디에서 밥을 먹을 거예요?

　　　나: (학생 식당) ＿＿＿＿＿＿＿＿＿＿＿＿＿＿＿＿＿

(2) 가: 누구하고 영화를 볼 거예요?

　　　나: (친구) ＿＿＿＿＿＿＿＿＿＿＿＿＿＿＿＿＿＿

(3) 가: 언제 공부를 할 거예요?

　　　나: ＿＿＿＿＿＿＿＿＿＿＿＿＿＿＿＿＿＿＿＿＿

(4) 가: 어디에서 옷을 살 거예요?

　　　나: ＿＿＿＿＿＿＿＿＿＿＿＿＿＿＿＿＿＿＿＿＿

(5) 가: 주말에 뭘 할 거예요?

　　　나: ＿＿＿＿＿＿＿＿＿＿＿＿＿＿＿＿＿＿＿＿＿

2. 언제, 무엇을 하려고 해요? 〈보기〉와 같이 알맞은 단어를 찾아 문장을 만드십시오.

방학　내일　주말　겨울 오후　내년　저녁　아침	고향에 가다　여행을 하다　숙제를 하다 운동을 하다　책을 읽다　　　빨래하다 음악을 듣다　도서관에서 공부하다

〈보기〉

　　방학, 고향에 가다
　　=〉 저는 방학에 고향에 가려고 해요.

(1) (내일 , 도서관에서 공부하다)

_____

(2) (오후, 요리하다)

_____

(3) (　　　,　　　)

_____

(4) (　　　,　　　)

_____

(5) (　　　,　　　)

_____

(6) (　　　,　　　)

_____

16

1. 그림을 보고 〈보기〉와 같이 '(이)나'를 사용하여 대화를 완성하십시오.

보기

우유   주스

가: 무엇을 마시고 싶어요?
나: 우유나 주스를 주세요.

(1)	토 일	가: 언제 만날까요? 나: _____
(2)	Coffee	가: 어디에서 숙제해요? 나: _____
(3)		가: 시험이 끝나고 어디에 갈까요? 나: _____
(4)		가: 점심에 무엇을 먹을 거예요? 나: _____
(5)		가: 과일을 먹고 싶어요. 무엇을 살까요? 나: _____
(6)		가: 여름 방학에 어디에 갈 거예요? 나: _____

1. 〈보기〉에서 알맞은 단어를 찾아 '-게'를 사용하여 문장을 만드십시오.

> 보기
>
> 즐겁다   맛있다   깨끗하다   예쁘다   재미있다

(1) 선생님! 방학을 _____ 보내세요.

(2) 지난 주말에 집을 _____ 청소했어요.

(3) 제가 _____ 이야기해서 친구들이 웃었어요.

(4) 민정 씨는 오늘 데이트가 있어요. 그래서 옷을 _____ 입었어요.

(5) 가: 민수 씨! 피자를 먹고 싶어요. 만들어 주세요.

　　나: 네, 제가 _____ 만들어 줄게요.

2. 〈보기〉에서 알맞은 단어를 골라 '-게'를 사용하여 우리 반 친구들에 대해 쓰십시오.

> 보기
>
> Ⓐ 예쁘다   멋있다   크다   Ⓥ 생겼다   웃다   입다
> 　　작다   귀엽다   　　　　이야기하다   먹다

〈보기〉 정아 씨는 예쁘게 생겼어요.

(1) _____

(2) _____

(3) _____

(4) _____

새 단어	데이트 (얼굴이~)생기다

18

1. '-(으)ㅂ시다'를 사용하여 문장을 만드십시오.

---

(1) 가: 어디에서 기다릴까요?

나: (교실) _____

---

(2) 가: 매일 혼자 공부해서 재미가 없어요.

나: (같이 공부하다) _____

---

(3) 가: 내일 몇 시에 만날까요?

나: _____

---

(4) 가: (먹다) 오늘 저녁을 같이 _____

나: 좋아요. 그럼 저녁 7시에 기숙사 앞에서 만나요.

---

(5) 가: _____

나: 미안해요. 내일은 약속이 있어요. 다음에 같이 영화를 봐요.

2. 〈보기〉와 같이 '-(으)ㅂ시다'를 사용하여 문장을 만드십시오.

> 〈보기〉 학생들이 수업 시간에 목소리가 너무 작아요.
>
> 우리 <u>크게 따라합시다</u>.

(1) 학생들이 학교에 책을 안 가지고 와요.

　　우리 _____

(2) 학생들이 숙제를 하지 않아요.

　　우리 _____

(3) 학생들이 시험 점수가 20점이에요.

　　우리 _____

(4) 학생들이 학교에 늦게 와요.

　　우리 _____

새 단어	따라하다 점수

1. 다음을 보고 '의'를 사용하여 문장을 만드십시오.

〈보기〉	(1)	(2)	(3)	(4)

〈보기〉 솔롱고의 가방입니다. / 솔롱고의 가방이에요.

(1) _____

(2) _____

(3) _____

(4) _____

2. 〈보기〉에서 알맞은 말을 찾아 쓰십시오.

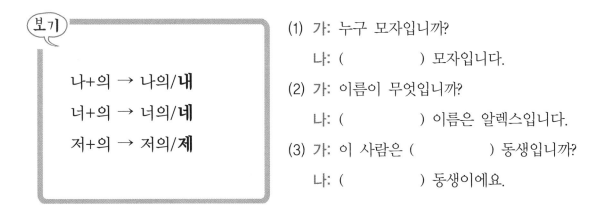

보기

나+의 → 나의/**내**
너+의 → 너의/**네**
저+의 → 저의/**제**

(1) 가: 누구 모자입니까?

　　나: (　　　　　　) 모자입니다.

(2) 가: 이름이 무엇입니까?

　　나: (　　　　　　) 이름은 알렉스입니다.

(3) 가: 이 사람은 (　　　　　　) 동생입니까?

　　나: (　　　　　　) 동생이에요.

1. 다음 안내 방송은 어디에서 듣습니까? 알맞은 번호를 쓰십시오.

> ① 버스가 출발하겠습니다.
> ② 2시에 인천공항에 도착하겠습니다.
> ③ 졸업식을 시작하겠습니다.
> ④ 기차가 들어오겠습니다.

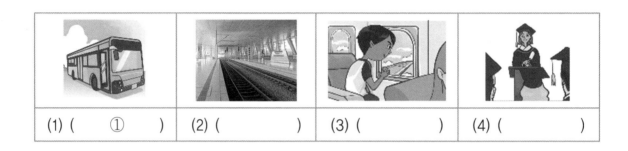

(1) (①)	(2) ( )	(3) ( )	(4) ( )

2. '-겠-'을 사용하여 내일의 세계 날씨를 완성하십시오.

내일의 세계 날씨

서울	베이징	도쿄	하노이	런던	울란바토르

▶ 내일의 세계 날씨입니다. 서울은 내일 아침 _____.

베이징도 _____. 하지만 도쿄는 _____.

하노이도 _____. 런던에는 _____고,

울란바토르에는 _____.

새 단어	출발하다 도착하다 졸업식 시작하다 잠시 세계 베이징 도쿄 하노이 런던 울란바토르

1. 다음을 듣고 물음에 답하십시오.

(1) 이 사람은 무슨 운동을 자주 합니까?

계절		운동
① 봄	•	• 볼링
② 여름	•	• 축구
③ 가을	•	• 등산
④ 겨울	•	• 수영

(2) 이 사람은 여름에 어디에 갑니까?

(3) 여름에 왜 운동을 안 하고 싶습니까?

2. 다음을 듣고 물음에 답하십시오.

(1) 들은 내용과 같으면 O, 다르면 X 하십시오.

① 어제는 추웠습니다. ( )

② 이 사람은 오늘 옷을 많이 입었습니다. ( )

③ 눈이 옵니다. 우산을 가지고 학교에 갑니다. ( )

④ 이 사람은 매일 저녁에 일기 예보를 듣습니다. ( )

⑤ 내일은 비가 와서 우산을 가지고 가려고 합니다. ( )

새 단어	설악산 볼링

1. 다음을 읽고 물음에 답하십시오.

> 요즘은 장마철입니다. 그래서 비가 많이 옵니다. 오늘도 비가 와서 집에서 커피를 마시고 책을 읽었습니다. 오후에는 친구와 이야기를 하려고 합니다.
>
> 여름은 날씨가 덥지만 삼계탕을 먹습니다. 냉면도 먹습니다. 가을에는 바람이 많이 붑니다. 하지만 시원해서 산책을 자주 합니다. 겨울은 눈이 와서 좋습니다. 눈도 구경하고 눈사람도 만듭니다. 날씨가 춥지만 아이스크림을 먹습니다.

(1) 겨울에 무엇을 합니까?

① ＿＿＿＿＿＿　　② ＿＿＿＿＿＿　　③ ＿＿＿＿＿＿

(2) 이 사람은 오후에 무엇을 하겠습니까?

① 산책을 하려고 합니다.

② 삼계탕을 먹으려고 합니다.

③ 아이스크림을 먹을 겁니다.

④ 친구와 이야기를 할 겁니다.

(3) 같으면 O, 다르면 X 하십시오.

① 오늘은 비가 내립니다. 　　　　　　　　　　　　　　　(　)
② 이 사람은 오늘 책을 읽으려고 합니다. 　　　　　　　　(　)
③ 이 사람은 눈이 와서 겨울을 좋아합니다. 　　　　　　　(　)
④ 이 사람은 더워서 아이스크림을 먹습니다. 　　　　　　(　)
⑤ 가을에는 바람이 많이 불어서 산책을 합니다. 　　　　　(　)

새 단어	눈사람

1. 빈칸을 완성하고 문장을 쓰십시오.

(1)

나	고향은 어디입니까?	날씨가 어떻습니까?	보통 무엇을 합니까?
	•＿＿＿＿＿＿＿ •＿＿＿＿＿＿＿	•＿＿＿＿＿＿＿ •＿＿＿＿＿＿＿	•＿＿＿＿＿＿＿ •＿＿＿＿＿＿＿

＿＿＿＿＿＿＿＿＿＿＿＿＿＿＿＿＿＿＿＿＿＿＿＿＿＿

＿＿＿＿＿＿＿＿＿＿＿＿＿＿＿＿＿＿＿＿＿＿＿＿＿＿

＿＿＿＿＿＿＿＿＿＿＿＿＿＿＿＿＿＿＿＿＿＿＿＿＿＿

(2)

친구	고향은 어디입니까?	날씨가 어떻습니까?	보통 무엇을 합니까?
	•＿＿＿＿＿＿＿ •＿＿＿＿＿＿＿	•＿＿＿＿＿＿＿ •＿＿＿＿＿＿＿	•＿＿＿＿＿＿＿ •＿＿＿＿＿＿＿

＿＿＿＿＿＿＿＿＿＿＿＿＿＿＿＿＿＿＿＿＿＿＿＿＿＿

＿＿＿＿＿＿＿＿＿＿＿＿＿＿＿＿＿＿＿＿＿＿＿＿＿＿

＿＿＿＿＿＿＿＿＿＿＿＿＿＿＿＿＿＿＿＿＿＿＿＿＿＿

2. 내가 좋아하는 계절과 그 계절의 날씨, 그리고 그 계절에 보통 무엇을 하는지 쓰십시오.

〈도움 문법〉	-아/어/여서	-(으)려고 하다	(이)나
	-겠-	의	-게

2과

교통

1. 〈보기〉에서 알맞은 단어를 찾아 쓰십시오.

> 보기
>
> 번   정류장   호선

(1) 가: 시청에 가려면 어떻게 가야 합니까?

　　나: 네, 저기 약국 앞 (　　　　)에서 버스를 타세요.

(2) 가: 신창역에 가려고 하는데 여기서 몇 (　　　　) 버스를 타야 해요?

　　나: 저기 정류장에서 402(　　　　) 버스를 타세요.

(3) 가: 몇 (　　　　)이/가 명동역에 가요?

　　나: 4(　　　　)을/를 타세요.

2. 〈보기〉에서 알맞은 단어를 찾아 쓰십시오.

> 보기
>
> 하루   이틀   사흘   나흘   열흘

(1) 토요일과 일요일 (　　　　　)은/는 수업이 없어요.

(2) 그저께부터 오늘까지 (　　　　　) 동안 시험을 봤어요.

(3) 1일부터 4일까지 (　　　　　) 동안 여행을 다녀올 거예요.

(4) 21일부터 30일까지 (　　　　　) 동안 제주도를 여행하고 싶어요.

(5) 월요일부터 토요일까지 운동을 하고 일요일 (　　　　　)은/는 쉴 거예요.

새 단어	다녀오다

3. 〈보기〉에서 알맞은 단어를 찾아 쓰십시오.

> 보기
>
> 갈아타다   걸리다   내리다   나가다   막히다

(1) 가: 지금 천안에 빨리 가야 해요. 어떻게 가야 해요?

　　나: 지금은 버스를 타지 마세요. 차가 많아서 길이 (　　　　　)(으)ㄹ 거예요.

(2) 가: 명동에 어떻게 가야 해요?

　　나: 여기서 3호선을 타고 충무로역에 가서 4호선으로 (　　　　　)(으)세요.

(3) 가: 서울에서 부산까지 버스로 얼마나 (　　　　　)아/어요?

　　나: 버스로는 다섯 시간쯤 (　　　　　)(으)ㄹ 거예요.

(4) 가: 여기가 고속버스터미널이에요?

　　나: 아니요, 다음 정류장에서 (　　　　　)(으)세요.

(5) 가: 실례지만, 시청에 가려고 하는데 어떻게 가야 해요?

　　나: 네, 저기 4번 출구로 (　　　　　)(으)세요.

1. 무엇을 타야 할까요? 〈보기〉에서 알맞은 단어를 골라 쓰십시오.

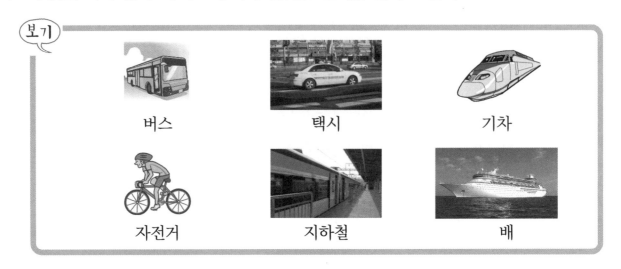

보기

버스	택시	기차
자전거	지하철	배

(1) 저기에서 430번 (　　　　)을/를 타세요.

(2) 길이 막히니까 (　　　　)을/를 타세요.

(3) 요즘 공원에 가서 (　　　　)을/를 탑니다.

(4) 비행기 표가 없어서 (　　　　)을/를 타고 제주도에 가려고 해요.

(5) 지금은 늦어서 버스나 지하철이 없어요. (　　　　)을/를 타야 해요.

(6) 서울에서 부산까지 (　　　　)을/를 타고 갈 거예요. 버스보다 빠르지만 비싸요.

문법 1. A/V + -아/어/여야 하다/되다

1. 〈보기〉와 같이 '-아/어/여야 하다/되다'를 사용하여 문장을 만드십시오.

> 보기
>
> 가: 영화 보러 갈까요?
>
> 나: 미안해요. <u>내일 시험이 있어서 공부해야 해요.</u>

(1) 가: 몇 시까지 학교에 와야 해요?

　　나: _____

(2) 가: 서울에 가려고 하는데 어떻게 가야 해요?

　　나: _____

(3) 가: 머리가 많이 아파요. 어떻게 해야 돼요?

　　나: _____

(4) 가: 한국말을 잘 하고 싶은데 어떻게 해야 해요?

　　나: _____

(5) 가: 내일 아사코 씨 생일 파티를 해요. 동동 씨도 올 거예요?

　　나: 미안해요. _____

1. 〈보기〉와 같이 '(으)로'를 사용하여 문장을 만드십시오.

보기

가: 시청에 가려고 하는데 몇 호선으로 갈아타야 합니까?

나: <u>2호선으로 갈아타세요.</u>

(1)　가: 민준 씨는 어디로 갔어요?

　　　나: _____

(2)　가: 아산까지 어떻게 왔어요?

　　　나: _____

(3)　가: 화장실이 어디에 있어요?

　　　나: _____

(4)　가: 라면은 무엇으로 먹어요?

　　　나: _____

(5)　가: 어디로 여행을 가실 거예요?

　　　나: _____

2. 〈보기〉와 같이 알맞은 것을 연결하여 문장을 만드십시오.

〈보기〉 화장실은   •   • 한국어 •   • 쓰세요.

  (1)   답은   •   • 2호선 •   • 나가요.

  (2)   시청역에서 •   • 3층 •   • 음식을 먹어요.

  (3)   사람들이 •   • 연필 •   • 올라가세요.

  (4)   한국 사람들은 •   • 밖 •   • 갈아타세요.

  (5)   수업 시간에는 •   • 젓가락 •   • 말하세요.

> **보기**
>
> 화장실은 3층으로 올라가세요.

(1) _____

(2) _____

(3) _____

(4) _____

(5) _____

새 단어	화장실

1. 〈보기〉와 같이 '-아/어/여서'를 사용하여 문장을 만드십시오.

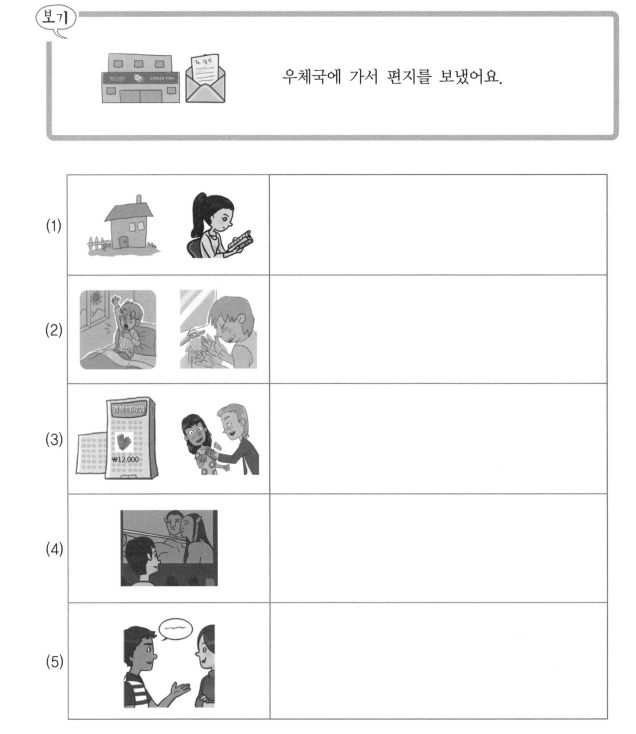

보기

우체국에 가서 편지를 보냈어요.

(1)		
(2)		
(3)		
(4)		
(5)		

문법 4. A/V + -(으)ㄴ/는데, N+(이)ㄴ데 (제시)

1. 〈보기〉와 같이 '-(으)ㄴ/는데 /(이)ㄴ데'를 사용하여 문장을 만드십시오.

보기

| 날씨가 좋다 / 산책하다 | 가: <u>날씨가 좋은데 산책할까요?</u>
나: 네, 산책합시다. |

(1)	비가 오다 / 내일 만나다	가: _____ ? 나: 네, 내일 만납시다.
(2)	내일 시험이 있다 / 도서관에 가다	가: _____ ? 나: 네, 도서관에 갑시다.
(3)	길이 막히다 / 지하철을 타다	가: _____ ? 나: 네, 지하철을 탑시다.
(4)	주말 / 놀이공원에 가다	가: _____ ? 나: 네, 놀이공원에 갑시다.
(5)	덥다 / 아이스크림을 먹다	가: _____ ? 나: 네, 아이스크림을 먹읍시다.

1. 〈보기〉와 같이 '에서/부터 까지'를 사용하여 문장을 만드십시오.

> 보기
>
> 〈우체국 a.m.9:00~p.m.6:00〉
> 우체국은 오전 아홉 시부터 오후 여섯 시까지 합니다.

(1) 〈**수업** a.m.9:00~p.m.1:00〉

수업은 _____ 입니다.

(2) 〈**점심시간** p.m.1:00~p.m.2:00〉

점심시간은 _____ 입니다.

(3) 〈**은행** a.m.9:00~p.m.4:00〉

은행은 _____ 합니다.

(4) 〈**기숙사** p.m.11:30~a.m.5:00〉

기숙사는 _____ 문을 닫습니다.

(5) 〈**방학** 8월 1일~8월 31일〉

방학은 _____ 입니다.

2. 〈보기〉와 같이 '에서/부터 까지'를 사용하여 문장을 만드십시오.

> 보기
>
> 집→학교(자전거, 10분)　가: 집에서 학교까지 얼마나 걸려요?
>
> 나: 집에서 학교까지 자전거로 십 분 걸려요.

(1) 집 → 병원 (버스, 30분)

　　가: _____ ?

　　나: _____

(2) 집 → 백화점 (지하철, 10분)

　　가: _____ ?

　　나: _____

(3) 학교 → 서울 (기차, 2시간)

　　가: _____ ?

　　나: _____

(4) 회사 → 집 (택시, 20분쯤)

　　가: _____ ?

　　나: _____

(5) 한국 → 고향 (비행기, 4시간 30분)

　　가: _____ ?

　　나: _____

1. 〈보기〉와 같이 알맞은 문장을 찾아 연결하고 '-(으)니까'를 사용하여 문장을 만드십시오.

〈보기〉 비가 오다 •   • ㉠ 청소를 하다

　(1)　내일 시험이 있다 •   • ㉡ 아이스크림을 먹다

　(2)　날씨가 덥다 •   • ㉢ 택시를 타다

　(3)　수업시간에 늦었다 •   • ㉣ 우산을 가지고 가다

　(4)　이 옷이 예쁘다 •   • ㉤ 이 옷을 사다

　(5)　방이 더럽다 •   • ㉥ 도서관에서 공부하다

보기

　　비가 오니까 우산을 가지고 가세요.

　(1) _____

　(2) _____

　(3) _____

　(4) _____

　(5) _____

새 단어	더럽다

2. 〈보기〉와 같이 '-(으)니까/(이)니까'를 사용하여 문장을 만드십시오.

> 보기
>
> 시간이 없다
> 시간이 없으니까 KTX를 탑시다.

(1) 배가 고프다

_____

(2) 길이 많이 막히다

_____

(3) 바람이 불다

_____

(4) 날씨가 춥다

_____

(5) 여기는 도서관이다

_____

1. 〈보기〉와 같이 '한테/께'를 사용하여 문장을 만드십시오.

> 보기
>
> 친구 생일 / 친구 / 가방
> 나는 친구 생일에 친구한테 가방을 사 주고 싶습니다.
>
> 아버지 생신 / 아버지 / 지갑
> 아버지 생신에 아버지께 지갑을 선물해 드렸습니다.

(1) 동생 졸업식 / 동생 / 시계

_____

(2) 크리스마스 / 남자 친구, 여자 친구 / ☐

_____

(3) 반 친구 생일 / 친구 / ☐

_____

(4) 점심시간 / 선생님 / 커피

_____

(5) 아침 / 할아버지 / 신문

_____

(6) 어머니 생신 / 어머니 / ☐

_____

2. 〈보기〉에서 알맞은 단어를 찾아 대화에 맞게 쓰십시오.

보기

께   한테   에   에서   에는

---

(1) 가: 내일은 솔롱고 씨 생일이에요. 무엇을 선물할까요?

　　나: 저는 솔롱고 씨 _____ 모자를 사 줄 거예요.

(2) 가: 선생님 _____ 무슨 선물을 사 드릴까요?

　　나: 선생님 _____ 꽃을 사 드립시다.

(3) 가: 지금 어디 _____ 가요?

　　나: 시장 _____ 가요.

(4) 제 방 _____ 침대가 있습니다. 친구 방 _____ 침대가 없습니다.

(5) 저는 도서관 _____ 공부를 합니다.

1. 〈보기〉와 같이 그림을 보고 '−지 마세요'를 사용하여 문장을 만드십시오.

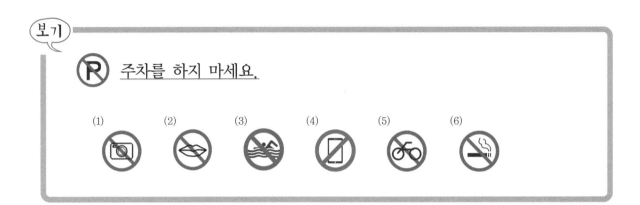

보기

Ⓟ 주차를 하지 마세요.

(1)   (2)   (3)   (4)   (5)   (6)

(1) _____

(2) _____

(3) _____

(4) _____

(5) _____

(6) _____

새 단어	주차

2. 다음 장소에서는 무엇을 하지 말아야 해요? 〈보기〉와 같이 '–지 마세요'를 사용하여 문장을 만드십시오.

> **보기**
>
> 여기는 〈교실〉이에요.
>
> ① 교실에서 전화하지 마세요.
> ② 교실에서 음식을 먹지 마세요.
> ③ 교실에서 휴대폰을 보지 마세요.

(1) 여기는 기숙사예요.

① _____

② _____

③ _____

(2) 여기는 영화관이에요.

① _____

② _____

③ _____

(3) 여기는 도서관이에요.

① _____

② _____

③ _____

(4) 여기는 비행기 안이에요.

① _____

② _____

③ _____

1. 다음을 듣고 물음에 답하십시오.

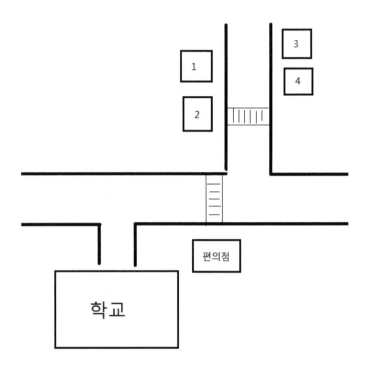

(1) 상민 씨 집과 솔롱고 씨 집은 어디입니까?

① 상민 씨 집 (   )   ② 솔롱고 씨 집 (   )

(2) 들은 내용과 같으면 O, 다르면 X 하십시오.

① 상민 씨 집은 학교에서 멀어요.   (   )

② 솔롱고 씨 집은 약국 앞에 있어요.   (   )

③ 상민 씨 집은 솔롱고 씨 집과 가까워요.   (   )

④ 두 사람 집은 학교에서 길을 건너서 가야 해요. (   )

2. 다음을 듣고 물음에 답하십시오.

(1) 누구와 어디에 갔습니까?

(2) 어떻게 갔습니까? 얼마나 걸렸습니까?

	어떻게 갔습니까?	얼마나 걸렸습니까?
학교 ~ 강변역	①	④
강변역 ~ 잠실역	②	⑤
잠실역 ~ 놀이공원	③	⑥

(3) 같으면 O, 다르면 X 하십시오.

① 놀이공원에 사람이 많았습니다.　　　　(　　　)

② 지하철도 타고 버스도 탔습니다.　　　　(　　　)

③ 우리 학교에서 놀이공원은 멉니다.　　　　(　　　)

④ 놀이공원에서 친구들을 만났습니다.　　　　(　　　)

⑤ 놀이공원은 잠실역 2번 출구에 있습니다.　　　　(　　　)

1. 다음 지하철 노선도를 보고 물음에 답하십시오.

지하철과 관광명소

1. 경복궁: 3호선 경복궁역 5번 출구
2. 인사동: 3호선 안국역 6번 출구
3. 관악산: 2호선 서울대입구역 3,4번 출구
4. 미술관: 2호선 사당역 6번 출구
5. 광화문: 5호선 광화문역 5번 출구

새 단어	미술관

(1) 답을 쓰십시오.

　① 종로3가역에서 3호선을 타고 교대역으로 가세요. 교대역에서 2호선으로 갈아타
　　고 사당역 다음에서 내리세요. 여기는 어디입니까? (　　　　　　　　　)

　② 광화문역에서 5호선을 타고 종로3가역으로 가서 3호선으로 갈아타세요. 경복궁
　　쪽으로 한 정거장을 가서 내리세요. 여기는 어디입니까? (　　　　　　　　　)

　③ 충정로역에 빨리 가려고 해요. 충무로역에서 3호선을 타고 어디에서 2호선으로
　　갈아타야 해요? (　　　　　　　　　)

(2) 같으면 O, 다르면 X 하십시오.

　① 지금 저는 사당역에 있어요. 인사동에 갈 거예요. 사당역에서 교대역까지 가서
　　3호선으로 갈아타고 안국역에서 내릴 거예요.　　　　　　　　　(　　　)
　② 지금 저는 충무로역에 있어요. 미술관에서 친구와 약속이 있어요. 충무로역에서
　　교대역까지 가서 5호선으로 갈아타고 서울대입구역까지 가야 해요.　(　　　)

새 단어	정거장

1. 부모님께서 여러분을 만나고 싶어서 한국에 오십니다. 공항에서 여러분의 집까지 어떻게 와야 합니까?

〈도움 문법〉	−아 / 어 / 여야 하다 / 되다	
	−아 / 어 / 여서	−(으)ㄴ / 는데
	−(으)로	−에서 / 부터 −까지
	−(으)니까	−지 말다

3과

운동

1. 〈보기〉에서 알맞은 단어를 찾아 쓰십시오.

보기

축구	농구	탁구	자전거	
스키	수영	골프	테니스	하다　타다　치다
스노보드	태권도	줄넘기	요가	
스케이트	당구	야구	조깅	

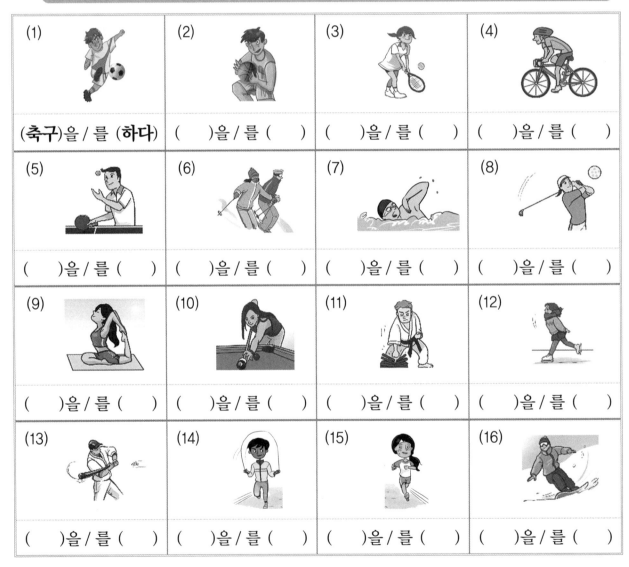

(1)　**(축구)**을/를 **(하다)**	(2)　(　　)을/를 (　　)	(3)　(　　)을/를 (　　)	(4)　(　　)을/를 (　　)
(5)　(　　)을/를 (　　)	(6)　(　　)을/를 (　　)	(7)　(　　)을/를 (　　)	(8)　(　　)을/를 (　　)
(9)　(　　)을/를 (　　)	(10)　(　　)을/를 (　　)	(11)　(　　)을/를 (　　)	(12)　(　　)을/를 (　　)
(13)　(　　)을/를 (　　)	(14)　(　　)을/를 (　　)	(15)　(　　)을/를 (　　)	(16)　(　　)을/를 (　　)

새 단어	스노보드 당구

2. 〈보기〉에서 알맞은 단어를 찾아 쓰십시오.

> 보기
>
> 계단   대부분   경기   가끔   체육관

(1) 저는 매일 5층까지 (   )(으)로 올라가요.

(2) 오늘은 비가 와서 (   )에서 운동을 하려고 해요. 같이 갈까요?

(3) 우리 반 친구들은 (   ) 기숙사에 살아요.

(4) 내일 한국과 일본의 축구 (   )이/가 있어서 친구들과 같이 보러
갈 거예요.

(5) 커피를 좋아하지 않지만 피곤할 때 (   ) 마셔요.

1. 〈보기〉에서 알맞은 단어를 찾아 쓰십시오.

보기

다치다   넘어지다   지다   응원하다   이기다

(1) 아침에 동생이 손을 (   )아/어/여서 병원에 갔어요.

(2) 어제 계단에서 (   )아/어/여서 다리가 너무 아파요.

(3) 일요일에 형과 탁구를 쳤어요. 제가 (   )아/어/여서 기분이 아주 좋았어요.
     다음 주 일요일에도 형하고 탁구를 칠 거예요. 저는 그때도 (   )지 않을
     거예요.

(4) 오늘 우리 반 친구들이 옆 반 친구들과 농구 경기를 해요. 농구장에 가서 우리
     반 학생들을 열심히 (   )(으)ㄹ 거예요.

2. 〈보기〉에서 알맞은 단어를 찾아 쓰십시오.

> 보기
>
> 선수   수영복   운동화   물안경

나나: 카잉 씨, 지금 어디에 가요?

카잉: 내일부터 조깅을 할 거예요. 그래서 (   )을/를 사러 가요.

나나: 같이 가요. 저는 내일 수영장에 갈 거예요. 그래서 (   )와/과

(   )을/를 살 거예요.

카잉: 수영을 좋아해요?

나나: 네, 아주 좋아해요. 카잉 씨는 수영을 잘해요?

카잉: 네, 저는 중학교 때 수영 (   )였/이었어요.

나나: 와! 멋있어요!

1. 〈보기〉와 같이 '마다'를 사용하여 문장을 만드십시오.

> 보기
>
> 저는 주말에 항상 늦게 일어나요.
> → 저는 주말마다 늦게 일어나요.

(1) 저는 일요일에 항상 친구들을 만나요.

→ _____

(2) 제 동생은 아침에 항상 빵과 바나나를 먹어요.

→ _____

(3) 저는 겨울에 항상 스키를 타요.

→ _____

(4) 상민 씨는 매일 학교에 늦게 와요.

→ _____

(5) 학교 버스 출발 시간 : AM 8시 / 8시 10분 / 8시 20분 / 8시 30분 / 8시 40분

→ _____

2. 〈보기〉와 같이 '마다'를 사용하여 계획을 쓰십시오.

시간		계획
〈보기〉 일요일		일요일마다 등산을 할 거예요
(1) 아침	마다	
(2) 방학		
(3) ( )		

1. 알맞은 것을 연결하여 문장을 만드십시오.

(1) 농구 선수 •	• ㉠ 요리를 잘하다.
(2) 가수 •	• ㉡ 날고 싶다.
(3) 우리 엄마 •	• ㉢ 키가 크다.
(4) 새 •	• ㉣ 노래를 잘하다.
(5) 인형 •	• ㉤ 예쁘게 생겼다.

(1) 민수 씨는 _____

(2) 나나 씨는 _____

(3) 카잉 씨는 _____

(4) 저는 _____

(5) 정아 씨는 _____

2. 〈보기〉에서 알맞은 단어를 골라 쓰십시오.

보기

아기	수영 선수	코미디언	영화배우	선생님

우리 반 친구들을 소개하겠습니다. 상민 씨는 _____처럼 수영을 잘해요. 아사코 씨는 _____처럼 똑똑해요. 그리고 나나 씨는 _____처럼 재미있게 이야기를 해요. 카잉 씨는 _____처럼 멋있어요. 솔롱고 씨는 _____처럼 귀여워요.

새 단어	코미디언 똑똑하다

3. 〈보기〉와 같이 다음 그림을 보고 '처럼'을 사용하여 문장을 만드십시오.

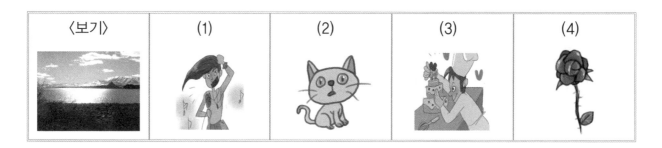

| 〈보기〉 | (1) | (2) | (3) | (4) |

〈보기〉 강이 그림처럼 아름다워요.

(1) 민수 씨는 _____

(2) 정아 씨는 _____

(3) 상민 씨는 _____

(4) 나나 씨는 _____

4. '처럼'을 사용하여 가족을 소개하십시오.

보기

가수   배우   요리사   선생님   한국 사람

〈보기〉 우리 엄마는 모델처럼 키가 커요.

(1) 엄마는 _____

(2) 아빠는 _____

(3) 저는 _____

(4) 언니 / 오빠 / 형 / 누나 / 동생은 _____

1. 알맞은 것을 연결하여 문장을 만드십시오.

(1) 공부하다 • 　　　• ㉠ 화장실에 가다

(2) 손을 씻다 • 　　　• ㉡ 한국에 오다

(3) 밥을 먹다 • 　　　• ㉢ 학생 식당에 가다

(4) 산책을 하다 • 　　　• ㉣ 서점에 오다

(5) 책을 사다 • 　　　• ㉤ 공원에 가다

(1) _____

(2) _____

(3) _____

(4) _____

(5) _____

2. '-(으)러 가다/오다'를 사용하여 문장을 만드십시오.

(1) 가: 어제는 왜 백화점에 갔어요?

   나: _____

(2) 가: 이번 주말에 왜 서울에 가요?

   나: _____

(3) 가: 왜 체육관에 왔어요?

   나: _____

(4) 가: 아침에 왜 옆 반에 갔어요?

   나: _____

(5) 가: 내일은 어디에 갈 거예요?

   나: _____

문법 4. V + -고 있다

1. 친구들이 무엇을 하고 있어요? '-고 있다'를 사용하여 문장을 만드십시오.

〈보기〉 동동 씨는 지금 **공부를 하고 있어요.**

(1) _____

(2) _____

(3) _____

(4) _____

(5) _____

2. '-고 있다'를 사용하여 문장을 만드십시오.

(1) 가: 여보세요? 정아 씨, 지금 뭐 해요?

나: _____

(2) 가: 어제 오후 4시에 무엇을 하고 있었어요?

나: _____

(3) 가: 어제 저녁에 왜 전화를 안 받았어요?

나: _____

(4) 가: 민수 씨는 지금 무엇을 하고 있을까요?

나: _____

(5) 가: 솔롱고 씨는 왜 안 왔어요?

나: _____

1. '-(으)ㄹ 수 있다/없다'를 사용하여 문장을 만드십시오.

(1) 가: 우리 일요일에 만날까요?

   나: 미안해요. 그 날은 약속이 있어서 _____

(2) 가: 오늘 오후에 영화관에 갈까요?

   나: 오늘은 바쁘지만 내일은 _____

(3) 가: 불고기를 먹고 싶은데 만들어 주시겠어요?

   나: 오늘은 고기가 없어서 _____

(4) 가: 마이클 씨, 왜 다 안 먹었어요?

   나: 너무 많아서 _____

(5) 가: _____

   나: _____

2. 〈보기〉와 같이 다음 그림을 보고 '-(으)ㄹ 수 있다/없다'를 사용하여 친구와 대화하고 문장을 만드십시오.

〈보기〉		나 : (○) 친구 : (×)	나는 한국 노래를 **할 수 있지만** 친구는 한국 노래를 **할 수 없어요.**
(1)		나 : (○) 친구 : (×)	_____ _____
(2)		나 : ( ) 친구 : ( )	_____ _____
(3)		나 : ( ) 친구 : ( )	_____ _____
(4)		나 : ( ) 친구 : ( )	_____ _____
(5)		나 : ( ) 친구 : ( )	_____ _____

1. 〈보기〉와 같이 다음 그림을 보고 '만'을 사용하여 문장을 만드십시오.

〈보기〉 -이다	(1) 음식	(2) 음료
	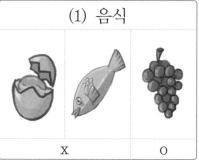	
X　　　　　O	X　　　　　O	X　　　　　O

(3) 옷	(4) 운전하다	(5) 운동
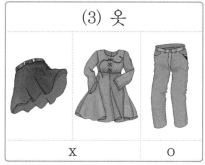		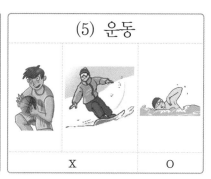
X　　　　　O	X　　　　　O	X　　　　　O

〈보기〉 우리 반에서 저**만** 여자예요

(1) _____

(2) _____

(3) _____

(4) _____

(5) _____

2. 〈보기〉에서 알맞은 것을 골라 문장을 만드십시오.

> 보기
>
> ─에서만   ─한테만   ─(으)로만   ─하고만   ─에만

(1) 가: 저는 도서관이나 기숙사에서 공부해요.

　　나: 저는 ＿＿＿＿＿＿＿＿＿＿＿＿＿＿＿＿＿＿＿＿ (도서관)

(2) 가: 친구들하고 모두 같이 여행을 갔어요?

　　나: 아니요, ＿＿＿＿＿＿＿＿＿＿＿＿＿＿＿＿＿＿ (나나 씨)

(3) 가: 기숙사 방에 텔레비전이 있어요?

　　나: 아니요, ＿＿＿＿＿＿＿＿＿＿＿＿＿＿＿＿＿＿ (휴게실)

(4) 가: 선생님, 시험지에 볼펜으로 써야 해요?

　　나: 네, ＿＿＿＿＿＿＿＿＿＿＿＿＿＿＿＿＿＿＿＿ (볼펜)

(5) 가: 상민 씨, 이 꽃을 우리 반 친구들 모두에게 줬어요?

　　나: 아니요, ＿＿＿＿＿＿＿＿＿＿＿＿＿＿＿＿＿＿ (아사코 씨)

1. 다음 그림에 알맞은 단어를 〈보기〉에서 찾아 쓰고, 빈칸을 완성하십시오.

보기

| 낫다 | 붓다 | 젓다 | 긋다 | 짓다 | 웃다 |

		−아/어서	−고	−았/었어요
(1)	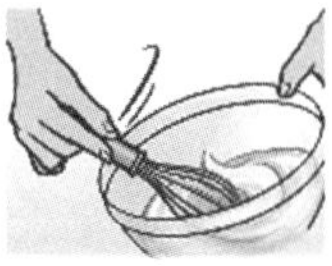 ( )			
(2)	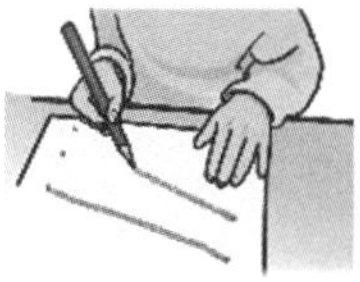 ( )			
(3)	  ( )			
(4)	 ( )			
(5)	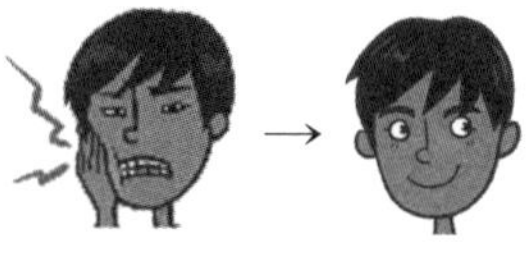 ( )			
(6)	 ( )			

2. 〈보기〉에서 알맞은 단어를 찾아 문장에 맞게 쓰십시오.

> 보기
>
> 씻다   빗다   낫다   짓다   붓다

(1) 가: 목이 아파요?

   나: 네, 어제 이야기를 많이 해서

     목이 많이 _____았/었/였어요.

(2) 이 집은 100년 전에 _____았/었/였어요.

(3) 머리를 감아요. 그리고 머리를 _____아/어/여요.

(4) 가: 지금도 아파요?

   나: 아니요, 지금은 다 _____아/어/여서 괜찮아요.

(5) 손을 _____(으)러 화장실에 가요.

1. 〈보기〉에서 알맞은 단어를 찾아 쓰십시오.

> 보기
>
> 방학   점심   학생   시험

(1) (   )는 식당에 사람이 많아서 자리가 없어요.

(2) (   )는 주로 도서관에서 공부를 해요.

(3) (   )가 더 좋았어요. 회사 일이 많아서 힘들어요.

(4) 수업이 많아서 아르바이트를 할 수 없어요. 그래서 이번 (   ) 할 거예요.

1. 〈보기〉에서 알맞은 단어를 찾아 문장에 맞게 쓰십시오.

> 보기
>
> 보다   받다   자다   힘들다   피곤하다

(1) 낮잠을 (   ) 친구가 전화해서 받을 수 없었어요.

(2) (   ) 초콜릿을 드세요.

(3) 극장에서 영화를 (   ) 휴대폰을 꺼야 돼요.

(4) 어제 백 점을 (   ) 정말 기뻤어요.

(5) 유학 생활이 (   ) 바다를 보러 갔어요.

1. 다음을 듣고 물음에 답하십시오.

(1) 상민 씨와 나나 씨는 오늘 무엇을 하려고 합니까?

① 상민 –   ② 나나 –

(2) 들은 내용과 같으면 O, 다르면 X 하십시오.

① 나나 씨는 축구를 자주 해요.   (   )

② 두 사람은 다음에 같이 축구를 할 거예요.   (   )

③ 나나 씨는 오늘 축구를 보러 갈 수 없어요.   (   )

④ 상민 씨는 오늘 옆 반 학생들과 축구를 할 거예요. (   )

2. 다음을 듣고 물음에 답하십시오.

(1) 누나와 나는 어디에서 무슨 운동을 합니까?

	누나	나
장소		
운동		

새 단어	요가 헬스

(2) 들은 내용과 같으면 O, 다르면 X 하십시오.

① 누나는 주말에만 운동을 해요.   (   )

② 내가 늦게 일어나서 누나와 같이 운동할 수 없어요.   (   )

③ 누나는 운동을 좋아하지만 나는 운동을 좋아하지 않아요.   (   )

(3) 맞는 것을 고르십시오.

	누나	나
①	야구와 축구를 해요	요가와 헬스를 해요
②	아침에 운동을 해요	저녁에 운동을 해요
③	운동장에서 운동해요	체육관에서 운동을 해요
④	주말에만 운동을 해요	날마다 운동을 해요

1. 다음을 읽고 물음에 답하십시오.

오늘 우리 반 학생들과 3급 반 학생들이 운동 경기를 했어요. 남학생들은 야구를 하고 여학생들은 농구를 했어요. 야구는 운동장에서 하고 농구는 체육관에서 했어요. 우리 반 학생들은 모두 운동복을 입고 운동화를 신었어요. 야구 선수, 농구 선수처럼 모두 멋있었어요.

저는 어제 넘어져서 다리를 다쳤어요. 그래서 오늘 야구를 할 수 없었어요. 저는 농구 경기를 응원하려고 했지만 체육관이 너무 멀어서 갈 수 없었어요.

오후에는 남학생들과 여학생들이 같이 테니스를 쳤어요. 여름 날씨처럼 더워서 땀이 많이 났어요. 야구와 농구는 우리 반이 이기고, 테니스만 3급 반이 이겼어요. 다음 주에는 1급 반과 운동 경기를 할 거예요.

(1) 여학생들은 무슨 경기를 했습니까? (　　　　　　，　　　　　　　)

(2) 우리 반은 무슨 경기에서 졌습니까? (　　　　)
① 야구　　　　② 농구　　　　③ 축구　　　　④ 테니스

(3) 위 글의 내용과 같으면 O, 다르면 X 하십시오.
① 지금은 여름이에요.　　　　　　　　(　　　)
② 이 사람은 남학생이에요.　　　　　　(　　　)
③ 야구와 농구 모두 체육관에서 했어요.　(　　　)
④ 이 사람은 여자 경기를 응원하러 갔어요.　(　　　)

새 단어	-급

쓰기

1. 친구들은 무슨 운동을 좋아합니까? 〈보기〉와 같이 이야기하고 쓰십시오.

〈보기〉

카잉 씨는 수영을 좋아합니다. 물을 좋아하고 혼자 할 수 있어서 수영을 좋아합니다. 중학교 때부터 수영을 배워서 지금은 선수처럼 잘 합니다. 요즘도 주말마다 수영하러 수영장에 갑니다.

〈도움 문법〉	마다	처럼	-(으)러 가다/오다
	-고 있다	-(으)ㄹ 수 있다/없다	만

친구1

_____

_____

_____

친구2

_____

_____

_____

4과

취미

1. 〈보기〉에서 알맞은 단어를 찾아 쓰십시오.

보기

| 낚시 | 취미 | 음악 | 독서 | 그림 |

(1) 가: 나나 씨는 (   )이/가 뭐예요?

나: 저는 영화 감상을 좋아해요.

(2) 현준 씨는 (   )을/를 하러 호수나 강으로 자주 갑니다.
지난달에는 바다로 (   )을/를 다녀왔습니다.

(3) 솔롱고 씨는 (   )을/를 좋아해서 항상 휴대폰으로 (   )을/를
듣습니다.

(4) 제 취미는 (   )입니다. 저는 특히 소설을 좋아합니다.

(5) 저는 주말에 보통 (   )을/를 그리러 밖으로 나갑니다.
그리고 (   )을/를 보러 자주 전시회에 갑니다.

2. 〈보기〉에서 알맞은 단어를 찾아 쓰십시오.

> 보기
>
> 상영하다   다양하다   빌리다   시간이 있다   치다   듣다

(1) 가: 동동 씨는 보통 (   )(으)면 뭐 해요?

　　 나: 저는 책이나 영화를 봐요.

(2) 휴일에는 주로 피아노를 (   )거나 음악을 (   ).

(3) 저는 책을 (   )(으)러 도서관에 갑니다.

(4) 가 : 요즘 무슨 영화가 재미있어요?

　　 나 : 요즘 영화관에서 〈부산행〉을 (   ). 아주 재미있어요.

(5) 우리 반 친구들의 취미는 (   ). 마이클 씨는 음악 감상,

　　 아사코 씨는 영화 감상, 상민 씨는 낚시, 저는 독서입니다.

1. 〈보기〉와 같이 그림을 보고 취미를 쓰십시오.

제 취미는 우표 수집입니다.
저는 우표 수집을 좋아해요.

(1)	_____
(2)	_____
(3)	_____
(4)	_____
(5)	_____
(6)	_____

1. 〈보기〉와 같이 '-(으)면'을 사용하여 문장을 만드십시오.

> 보기
>
> 방학을 하다 / 고향에 가다
> → 방학을 하면 고향에 갈 거예요.

(1) 돈이 있다 / 컴퓨터를 사다

→ _____

(2) 비가 오다 / 나가지 않다

→ _____

(3) 버스가 안 오다 / 택시를 타다

→ _____

(4) 시험이 끝나다 / ⬚⬚⬚⬚⬚

→ _____

(5) 몸이 아프다 / ⬚⬚⬚⬚⬚

→ _____

2. 〈보기〉와 같이 '-(으)면'을 사용하여 대화를 완성하십시오.

> 보기
>
> 가: 여행을 가고 싶지만 돈이 없습니다.
>
> 나: <u>돈이 없으면 친구에게 빌리세요.</u>

(1) 가: 산에 가고 싶은데 비가 옵니다.

　　 나: _____

(2) 가: 내일이 시험인데 감기에 걸렸어요.

　　 나: _____

(3) 가: 학교에 늦었습니다. 그런데 버스가 안 옵니다.

　　 나: _____

(4) 가: 밖에 나가야 합니다. 그런데 날씨가 너무 춥습니다.

　　 나: _____

(5) 가: 한국어를 더 잘하고 싶은데 어떻게 해야 할까요?

　　 나: _____

1. 다음 그림을 보고 '-거나'를 사용하여 문장을 만드십시오.

〈보기〉 월요일 – 월요일에는 회의를 하거나 청소를 합니다.

(1) 화요일 – _____

(2) 수요일 – _____

(3) 목요일 – _____

(4) 금요일 – _____

(5) 주말 – _____

2. 〈보기〉와 같이 '-거나'를 사용하여 대화를 완성하십시오.

> **보기**
>
> 가: 내일 시험이 끝나면 뭘 할 거예요?
>
> 나: (쉬다/영화를 보다) <u>쉬거나 영화를 볼 거예요.</u>

(1) 가: 주말에 친구를 만나면 뭘 해요?

　　나: (영화를 보다 / 게임을 하다) _____

(2) 가: 고향에 가면 뭘 할 거예요?

　　나: _____

(3) 가: 감기에 걸리면 어떻게 해야 해요?

　　나: _____

(4) 가: 저녁에 보통 무엇을 해요?

　　나: _____

(5) 가: 방학에 무엇을 할 거예요?

　　나: _____

1. 〈보기〉와 같이 '못'을 사용하여 대화를 완성하십시오.

> 보기
>
> 가: 맥주를 마실 수 있어요?
> 나: 아니요, <u>못 마셔요.</u>

(1) 가: 공부를 많이 했어요?

  나: 아니요, _____

(2) 가: 그 영화를 봤어요?

  나: 아니요, _____

(3) 가: 어제 잘 잤어요?

  나: 아니요, _____

(4) 가: 오늘 학교에 가요?

  나: 아니요, _____

(5) 가: 친구 선물을 샀어요?

  나: 아니요, _____

2. 〈보기〉와 같이 '못'을 사용하여 문장을 만드십시오.

	잘해요	못해요
〈보기〉 스키 탁구	저는 스키를 잘 타요.	동동 씨는 탁구를 못 쳐요.
영어 일본어		
피아노 기타		
삼계탕 김치찌개		
노래 춤		
말하기 쓰기		

3. 〈보기〉와 같이 '-지 못하다'를 사용하여 대화를 완성하십시오.

> 보기
>
> 맥주를 못 마셔요.
> → 맥주를 마시지 못해요.

(1) 공부를 많이 못했어요.

→ _____

(2) 그 영화를 못 봤어요.

→ _____

(3) 어제 잘 못 잤어요.

→ _____

(4) 오늘 학교에 못 가요.

→ _____

(5) 친구 선물을 못 샀어요.

→ _____

4. 〈보기〉와 같이 '–지 못하다'와 '못'을 사용하여 문장을 만드십시오.

〈보기〉수영하다	○	마이클 씨는 수영을 할 수 있어요.
	×	나나 씨는 수영을 하지 못해요. 나나 씨는 수영을 못해요.
운전하다	○	
	×	
태권도를 하다	○	
	×	
피아노를 치다	○	
	×	
춤을 추다	○	
	×	
불고기를 만들다	○	
	×	

1. 〈보기〉와 같이 '-(으)ㄹ래요'를 사용하여 대화를 완성하십시오.

보기

가: 뭐 <u>먹을래요?</u>

나: 날씨가 더우니까 냉면을 먹읍시다.

---

(1) 가: 우리 같이 영화를 ＿＿＿＿＿＿＿＿＿＿＿＿?

나: 미안해요. 바빠서 영화를 볼 수 없어요.

(2) 가: 무슨 노래를 ＿＿＿＿＿＿＿＿＿＿＿?

나: 한국 노래를 할 거예요.

(3) 가: 몇 시에 ＿＿＿＿＿＿＿＿＿＿?

나: 오후 4시에 만납시다.

(4) 가: 수업이 끝나고 같이 자전거를 ＿＿＿＿＿＿＿＿＿＿＿?

나: 미안해요. 숙제를 해야 해요.

(5) 가: 우리 같이 테니스를 ＿＿＿＿＿＿＿＿＿＿?

나: 아니요, 날씨가 더워서 오늘은 집에서 쉬려고 해요.

2. '-(으)ㄴ/는데'와 '-(으)ㄹ래요'를 사용하여 문장을 만드십시오.

-(으)ㄴ/는데		-(으)ㄹ래요?
〈보기〉 피곤하다	•	• 공원에서 산책하다
(1) 날씨가 좋다	•	• 내일 만나다
(2) 날씨가 덥다	•	• 도서관에 가다
(3) 내일이 시험이다	•	• 영화를 보다
(4) 여기는 시끄럽다	•	• 아이스크림을 먹다
(5) 주말이다	•	• 밖으로 나가다

〈보기〉 피곤한데 내일 만날래요?

(1) _____

(2) _____

(3) _____

(4) _____

(5) _____

새 단어	시끄럽다

86

1. 〈보기〉에서 알맞은 단어를 찾아 문장을 만드십시오.

> 보기
>
> 받다   듣다   묻다   걷다   달다   믿다

(1) 어제 친구의 편지를 _____

(2) 날씨가 추우니까 문을 _____

(3) 저는 친구의 말을 _____

(4) 살 놀라요? 그럼 선생님께 _____

(5) 그 가수를 좋아해서 매일 그 가수 노래를 _____

(6) 저는 보통 집에서 학교까지 _____

새 단어	믿다

2. 〈보기〉와 같이 대화를 완성하십시오.

> **보기**
>
> 가: 상민 씨, 요즘 무슨 노래를 <u>들어요?</u>
> 나: 한국 노래를 <u>들어요.</u>

(1) 가: 추워요.

　　나: 그럼 창문을 좀 _____.

(2) 가: 어제 생일이었어요? 나나 씨에게서 무슨 선물을 _____?

　　나: 지갑을 _____.

(3) 가: 단어가 너무 어려워요.

　　나: 동동 씨가 한국어를 잘하니까 동동 씨에게 _____.

(4) 가: 그 사람은 거짓말을 너무 자주 해요.

　　나: 맞아요. 그 사람을 _____.

(5) 가: 요즘 운동을 해요?

　　나: 네, 매일 저녁 공원에서 _____.

새 단어	거짓말

1. 〈보기〉와 같이 '-(으)려고'를 사용하여 문장을 만드십시오.

> 보기
>
> 공부하다 / 도서관에 가다
> → 공부하려고 도서관에 가요.

(1) 한국어를 배우다 / 한국에 오다

→ _____

(2) 책을 사다 / 돈을 찾다

→ _____

(3) 여자 친구에게 주다 / 케이크를 만들다

→ _____

(4) 제주도에 가다 / 아르바이트를 하다

→ _____

(5) 시험 시간을 묻다 / 친구에게 전화하다

→ _____

새 단어	아르바이트

2. 〈보기〉와 같이 '-(으)려고'를 사용하여 대화를 완성하십시오.

> 보기
>
> 가: 왜 일찍 일어났어요?
>
> 나: <u>아침 비행기를 타려고 일찍 일어났어요.</u>

(1) 가: 왜 친구에게 돈을 빌려요?

　　나: _____

(2) 가: 왜 한국어를 공부해요?

　　나: _____

(3) 가: 왜 KTX를 타요?

　　나: _____

(4) 가: 어제 왜 전화했어요?

　　나: _____

(5) 가: 왜 꽃을 샀어요?

　　나: _____

1. 다음을 듣고 물음에 답하십시오.

(1) 들은 내용과 같으면 O, 다르면 X 하십시오.

① 정아 씨는 방학에 여행을 할 겁니다.   (　　　)

② 정아 씨와 카잉 씨의 취미는 운동입니다.   (　　　)

③ 카잉 씨는 다음 주말에 설악산에 갈 겁니다.   (　　　)

④ 카잉 씨의 취미는 여행, 음악 감상, 운동입니다.   (　　　)

⑤ 정아 씨는 카잉 씨와 이번 주말에 같이 여행을 갈 겁니다. (　　　)

2. 다음을 듣고 물음에 답하십시오.

(1) 두 사람은 무슨 이야기를 하고 있습니까?

① 시험　　② 요리　　③ 등산　　④ 취미

(2) 나나 씨는 이번 주말에 왜 바쁩니까?

(3) 외국인들은 무엇을 좋아합니까? 왜 좋아합니까?

(4) 들은 내용과 같은 것을 고르십시오. (　　　)

① 나나 씨는 이번 주말에 등산을 했어요.

② 나나 씨는 이번 주말에 시간이 많아요.

③ 상민 씨는 이번 주에 불고기를 먹었어요.

④ 나나 씨와 상민 씨는 다음 주말에 설악산에 갈 거예요.

1. 다음을 읽고 물음에 답하십시오.

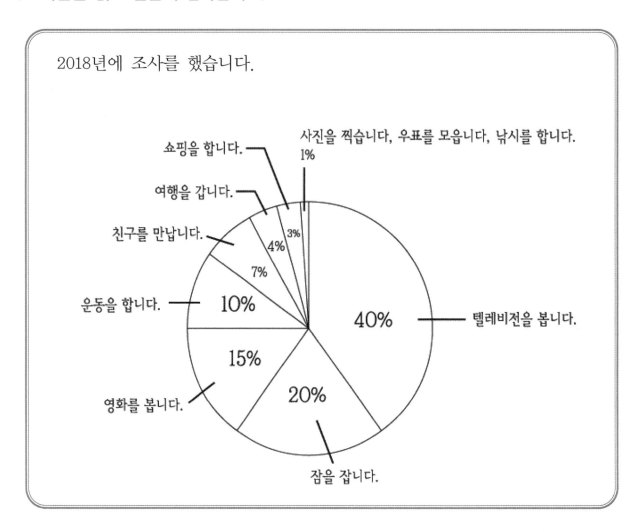

2018년에 조사를 했습니다.

쇼핑을 합니다.
사진을 찍습니다, 우표를 모읍니다, 낚시를 합니다.
1%
여행을 갑니다.
3%
친구를 만납니다.
4%
7%
운동을 합니다.
10%
40%
텔레비전을 봅니다.
15%
영화를 봅니다.
20%
잠을 잡니다.

새 단어	조사하다

(1) 제목으로 알맞은 것을 고르십시오   (   )

① 주말에 무엇을 해야 합니까?

② 무엇이 시간이 많이 걸립니까?

③ 시간이 있으면 무엇을 합니까?

④ 친구와 무엇을 하면 좋습니까?

(2) 위 글과 그림의 내용이 같으면 O, 다르면 X 하십시오.

① 2018명에게 물었습니다.   (   )

② 쇼핑보다 운동을 많이 합니다.   (   )

③ 영화감상이 여행보다 적습니다.   (   )

④ 15%는 컴퓨터로 영화를 봅니다.   (   )

⑤ 반 이상은 TV를 봅니다.   (   )

⑥ 우표 수집과 낚시는 이 퍼센트입니다.   (   )

1. 친구들의 취미에 대해서 쓰십시오.

	친구 1	친구 2
1. 이름이 뭐예요?		
2. 어느 나라 사람이에요?		
3. 취미가 뭐예요?		
4. 얼마나 자주 해요?		
5. 언제부터 시작했어요?		
6. 왜 그것을 좋아해요?		
7. 한국에서도 자주 해요?		
8. 또 어떤 취미를 가지고 싶어요? 그 이유는 뭐예요?		

2. 아래에 〈도움 문법〉을 사용해서 쓰십시오.

〈도움 문법〉　　-(으)면　　　　　-거나　　　　　　　못-
　　　　　　　　-지 못하다　　　-(으)려고

(1) 친구 이름 :

(2) 친구 이름 :

5과

여행

1. 〈보기〉에서 알맞은 단어를 찾아 쓰십시오.

요즘	수도	관광객	전통

(1) 가: 한국의 (　　　) 물건을 사고 싶어요. 어디에서 살 수 있어요?

　　나: 인사동에 가면 옛날 한국 물건들이 많이 있어요.

(2) 가: 내일 같이 밥 먹을까요?

　　나: (　　　) 은/는 많이 바빠요. 다음 주에 시험이 끝나니까

　　　　다음 주에 먹읍시다.

(3) 서울은 한국의 (　　　)이에요/예요. 서울은 사람도 많고 교통도 복잡해요.

(4) 서울 명동에는 사람이 많아요. 특히 외국인 (　　　)이/가 많아요.

2. 〈보기〉에서 알맞은 단어를 찾아 문장에 쓰십시오.

> 보기
>
> 지각하다   결석하다   떠들다   외우다   복습하다

(1) 내일 단어 시험이 있어서 단어를 (   )아/어/여야 해요.

(2) 어제 (   )아/어/여서 숙제를 몰랐어요.

(3) 수업이 9시인데 9시에 일어나서 (   )았/었/였어요.

(4) 수업이 끝나면 매일 다시 (   )아/어/여요.

(5) 지하철이나 버스에서 (   )지 마세요.

3. 다음에서 설명하는 단어를 찾아 연결하십시오.

(1) 지각하다 •   • ㉠ 시끄럽게 이야기해요.

(2) 결석하다 •   • ㉡ 수업에 늦게 와요.

(3) 떠들다 •   • ㉢ 수업에 안 와요.

(4) 늦잠 •   • ㉣ 늦게까지 잠을 자요.

4. 〈보기〉에서 알맞은 단어를 찾아 쓰십시오.

보기

| 2박 3일 | 여행지 | 예약 | 예매 | 휴가철 |

나 나: 이번 방학에 친구들과 여행을 가요.

민 수: 그래요? (1) (   )이/가 어디예요?

나 나: 제주도예요. (2) (   ) 동안 제주도를 여행할 거예요.

민 수: 비행기 표는 샀어요?

나 나: 네, 비행기 표를 (3) (   )하고 호텔도 (4) (   )했어요.

민 수: (5) (   )(이)라서 사람들이 많지만 재미있겠네요.

1. 〈보기〉와 같이 '-아/어/여 보다'를 사용하여 대화를 완성하십시오.

	〈보기〉 축구를 하다	(1) 프랑스어를 배우다	(2) 한국 음식을 만들다	(3) 혼자 여행을 가다	(4)
마이클	○	X	○	X	

〈보기〉 가: 마이클 씨, 축구를 해 봤어요?

　　　　나: 네, 해 봤어요.

(1) 가: _____

　　 나: _____

(2) 가: _____

　　 나: _____

(3) 가: _____

　　 나: _____

(4) 가: _____

　　 나: _____

2. 〈보기〉와 같이 '-아/어/여 보세요'를 사용하여 대화를 완성하십시오.

> (보기)
>
> 가: 옷을 사고 싶어요.
> 나: 동대문 시장에 <u>가 보세요.</u> 옷이 싸고 예뻐요.

(1) 가: 무슨 음식이 매워요? 먹어 보고 싶어요.

    나: _____

(2) 가: 바다를 보고 싶어요.

    나: _____

(3) 가: 한국어를 잘하고 싶어요.

    나: _____

(4) 가: 스트레스가 많아요.

    나: _____

(5) 가: 살을 빼고 싶어요.

    나: _____

새 단어	살 빼다

1. 〈보기〉와 같이 빈칸을 완성하고 문장을 만드십시오.

〈보기〉	예쁘다	<u>예쁜</u> 꽃	꽃집에서 예쁜 꽃을 많이 샀어요.
1	비싸다		
2	작다		
3	시끄럽다		
4	조용하다		
5	유명하다		
6	편리하다		
7	맑다		
8	좋다		
9	빠르다		
10	뜨겁다		

1. 친구들의 고향에 관해 쓰십시오.

〈보기〉	친구의 고향에서 유명한 것	→ _____씨 고향은 _____(으)로 유명해요.
(1)		
(2)		
(3)		
(4)		
(5)		

2. 알맞은 것을 연결하고 '(으)로'를 사용하여 문장을 만드십시오.

(1) 교통사고   •   • ㉠ 학교에 못 갔어요.

(2) 실수   •   • ㉡ 버스를 잘못 탔어요.

(3) 감기   •   • ㉢ 많은 사람들이 다쳤어요.

(4) 폭우   •   • ㉣ 등산을 가지 못했어요.

(5) 비자 문제 •   • ㉤ 사무실에 갔어요.

(1) _____

(2) _____

(3) _____

(4) _____

(5) _____

새 단어	폭우 실수

문법 4. N + 에 관하여 / 관해(서) / 대하여 / 대해(서)

1. '-에 관하여'를 사용하여 쓰십시오.

(1) 친구의 무엇에 관하여 알고 싶습니까?

〈보기〉 저는 친구의 <u>취미</u>에 관하여 알고 싶어요.
→ 저는 친구의
→ 저는 친구의

(2) 무엇에 관해 잘 모릅니까? / 잘 압니까?

〈보기〉 카잉 씨는 <u>한국 역사</u>에 관해 잘 몰라요/알아요.
→ _____씨는
→ _____씨는

(3) 무엇에 관해 관심이 있습니까?

〈보기〉 마이클 씨는 <u>옛날 물건</u>에 관해 관심이 있어요.
→ _____씨는
→ _____씨는

1. 〈보기〉와 같이 빈칸을 완성하고 문장을 만드십시오.

〈보기〉	먹다	먹을게요	엄마! 아침을 꼭 먹을게요.
1	공부하다		
2	잘 보다		
3	듣다		선생님! _____
4	돕다		
5	믿다		

2. '-(으)ㄹ게요'를 사용하여 약속 편지를 쓰십시오.

> 부모님께 / 선생님께
>
> 보고 싶은 _____
>
> _____
>
> _____
>
> _____
>
> _____
>
> _____
>
> _____
>
> _____
>
> _____

1. 빈칸을 완성하십시오.

예쁘다	무겁다	멋있다	먹다	가다
예쁘군요			먹는군요	
작다	맛있다	빠르다	살다	짓다
만들다	공부하다	먹었다	갔다	힘들었다
		먹었군요		

2. 〈보기〉와 같이 '-군요/-는군요/를 사용하여 대화를 완성하십시오.

보기

가: 이번 시험에서 1등을 했어요.
나: 똑똑하군요. / 열심히 공부했군요.

(1) 가: 저희 집에는 강아지가 5마리 있어요.

나: _____

(2) 가: 매일 저녁 9시에 잠을 자요.

나: _____

(3) 가: 어제 3시간 동안 운동을 했어요.

나: _____

(4) 가: 어제 치마를 샀어요. 어때요?

나: _____

(5) 가: 제가 불고기를 만들었어요. 어때요?

나: _____

1. 〈보기〉와 같이 '같다'를 사용하여 문장을 만드십시오.

〈보기〉	내 친구	축구를 잘 해요.	내 친구는 축구를 정말 잘해요. 축구 선수 같아요.
(1)	아버지		
(2)	어머니		
(3)	오늘 날씨		
(4)	○○ 씨		

2. 〈보기〉와 같이 '같다'를 사용하여 우리 반 친구들에 대해 쓰십시오.

	친구 이름	'N 같다'
〈보기〉	카잉, 귀엽다	카잉 씨는 너무 귀여워요. 강아지 같아요.
(1)	_____, 예쁘다	
(2)	_____, 키가 크다	
(3)	_____, 친절하다	
(4)	_____, 멋있다	

1. 〈보기〉에서 알맞은 단어를 찾아 '(이)라(서)'를 사용하여 문장을 만드십시오.

보기				
휴가	마지막	방학	학생	처음

(1) (   ) 학교에 사람이 없어요.

(2) (   ) 회사에 안 가요. 집에서 쉴 거예요.

(3) (   ) 아직 잘 못해요. 다음에는 잘할 수 있을 거예요.

(4) (   ) 돈이 없어요.

(5) (   ) 많이 기다렸어요. 너무 힘들어요.

2. 알맞은 것을 연결하고 문장을 만드십시오.

(1) 주말   •   • ㉠ 길이 막혀요.

(2) 어린이   •   • ㉡ 도서관에 사람이 없어요.

(3) 출근 시간   •   • ㉢ 집에서 쉬었어요.

(4) 방학   •   • ㉣ 그 영화를 볼 수 없어요.

(5) 점심 시간   •   • ㉤ 식당에 사람이 많아요.

(1) _____

(2) _____

(3) _____

(4) _____

(5) _____

3. '(이)라(서)/(이)어서'를 사용하여 문장을 만드십시오.

(1)	외국 사람	외국 사람이라서 [_____] 외국 사람이라서 [_____]
(2)	세일 기간	[_____] [_____]
(3)	회사원	[_____] [_____]
(4)	생일	[_____] [_____]
(5)	시험 기간	[_____] [_____]

새 단어	세일 기간

1. 다음을 듣고 물음에 답하십시오.

(1) 두 사람이 오늘 간 곳이 <u>아닌</u> 곳을 고르십시오. (　　)

    ① 식물원　　　　　　　　② 한라산

    ③ 해수욕장　　　　　　　④ 민속 마을

(2) 두 사람은 누구와 다시 제주도에 가고 싶어 합니까?

아사코 : _____

솔롱고 : _____

(3) 솔롱고 씨는 오늘 어디가 제일 재미있었습니까? 그 이유는 무엇입니까?

_____

_____

(4) 들은 내용과 같으면 O, 다르면 X 하십시오.

    ① 날씨가 흐리고 바람이 많이 불어요.　　　　　　(　　)

    ② 아사코 씨는 식물원이 제일 재미있었어요.　　(　　)

    ③ 두 사람은 일찍 일어나서 바다를 볼 거예요.　(　　)

    ④ 두 사람은 오늘 많은 곳을 구경해서 힘들어요.　(　　)

2. 다음을 듣고 물음에 답하십시오.

(1) 알맞게 연결하십시오.

① 나나 　　　•　　　　　　　•　㉠ 조용해요

② 동동 　　　•　　　　　　　•　㉡ 역사에 관심이 많아요

③ 아사코 　•　　　　　　　•　㉢ 키가 커요

④ 나 　　　•　　　　　　　•　㉣ 친절해요

(2) <u>틀린</u> 것을 고르십시오. (　　　)

		하고 싶은 것	가고 싶은 여행지
①	나나	수영	동해 바다, 제주도
②	동동	등산	산
③	아사코	전통 물건 쇼핑	전주
④	나	불국사 구경	경주

(3) 들은 내용과 같으면 O, 다르면 X 하십시오.

① 우리 반 친구들은 한국 여행을 많이 했어요. 　　　　(　　　)

② 우리 반 친구들은 다음 주에 인사동에 가려고 해요. 　(　　　)

③ 비행기 표가 없어서 먼 곳으로 여행을 갈 수 없어요. 　(　　　)

1. 다음을 읽고 물음에 답하십시오.

> 저는 여행을 좋아합니다. 특히 해외여행을 좋아합니다. 지금까지 미국, 일본에 가 봤습니다. 그 곳으로 여행을 가서 아름다운 경치도 보고 그 나라의 새로운 문화를 많이 알 수 있어서 좋았습니다.
>
> 저는 여행 전에 그 나라에 관하여 공부합니다. 특히 그 나라의 말을 조금 알면 좋습니다. 또 환전을 하고 여행안내서와 비상약을 준비합니다. 여행을 가면 그 나라의 전통 옷을 입어 보고 전통 음식도 먹어 봅니다. 새로운 것을 해 보면 아주 재미있습니다. 경치가 아름다운 곳에서는 사진을 많이 찍습니다. 가족과 친구들에게 주고 싶은 선물도 삽니다. SNS에 사진도 올립니다.
>
> 이번 방학에는 중국으로 여행을 가고 싶습니다. 그런데 해외여행은 국내 여행보다 돈이 많이 필요합니다. 그래서 지금 아르바이트를 하고 있습니다. 빨리 여행을 가고 싶습니다.

새 단어	환전 안내서 비상약 준비하다 새롭다 국내

114

(1) 이 사람이 아르바이트를 하는 이유가 <u>아닌</u> 것을 고르십시오.

    ① 중국으로 여행을 가고 싶어서

    ② 국내여행이 돈이 많이 들어서

    ③ 해외여행은 돈이 많이 필요해서

    ④ 다른 나라에 여행 가 보고 싶어서

(2) 이 사람은 여행 전에 무엇을 합니까? <u>아닌</u> 것을 고르십시오.   (   )

    ① 그 나라에 관해 공부합니다.

    ② 그 나라의 돈을 준비합니다.

    ③ 그 나라의 전통 옷을 입습니다.

    ④ 그 나라의 여행안내서를 준비합니다.

(3) 같으면 O, 다르면 X 하십시오.

    ① 여행을 가면 새로운 문화를 알 수 있습니다.   (   )

    ② 이 사람은 여행 전에 비상약을 먹고 갑니다.   (   )

    ③ 이 사람은 여행을 가면 가족들에게 사진을 보냅니다.   (   )

    ④ 여행 가고 싶은 곳이 외국이라서 아르바이트를 하고 있습니다. (   )

1. 여행 계획을 세우십시오.

① 어디에 갈 거예요? _____

② 언제부터 언제까지 여행을 할 거예요? _____

③ 누구와 함께 갈 거예요? _____

④ 무엇을 먹고 싶어요? _____

⑤ 무엇을 하고 싶어요? _____

소인국테마파크	용머리해안	여미지식물원	테디베어박물관
천지연폭포	해녀박물관	성읍민속마을	성산일출봉
우도유람선	중문해수욕장	신비의 도로	용두암

2. 여러분의 여행 계획에 대해서 쓰십시오.

<도움 문법>　　　–(으)ㄴ / (이)ㄴ　　　 –아 / 어 / 여 보다　　　(으)로

　　　　　　　에 관하여　　　　　　 같다　　　　　　　　 (이)라(서) / (이)어서

6과

친구

1. 다음 〈보기〉에서 알맞은 단어를 찾아 쓰십시오.

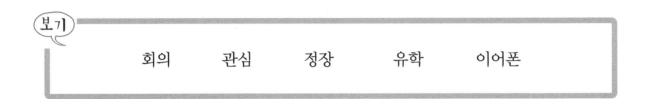

보기

회의   관심   정장   유학   이어폰

(1) 죄송하지만 지금은 (   )을/를 하고 있어서 전화를 받을 수 없습니다.

(2) 도서관에서 음악을 듣고 싶으면 (   )을/를 끼세요.

(3) 솔롱고 씨는 한국 문화를 공부하려고 몽골에서 (   )을/를 온 친구예요.

(4) 제 친구들은 모두 한국에 (   )이/가 많아요. 그래서 모두 한국으로

유학을 왔어요.

(5) 가: 내일 선생님 결혼식에 가야 해요. 무엇을 입어야 해요?

나: 한국에서는 결혼식에 갈 때 (   )을/를 입어야 해요.

2. 〈보기〉에서 알맞은 단어를 찾아 쓰십시오.

> 보기
>
> 입다   매다   메다   들다   쓰다

(1) 어깨에 배낭을 (   )(으)ㄴ 사람은 마이클 씨예요.

(2) 양복을 입고 넥타이를 (   )(으)ㄴ 사람은 동동 씨예요.

(3) 원피스를 (   )(으)ㄴ 친구는 나오코 씨예요.

(4) 쇼핑백을 (   )(으)ㄴ 남자는 우리 아빠예요.

(5) 저기 빨간 모자를 (   )(으)ㄴ 여자는 제 친구예요.

새 단어	어깨

1. 다음은 동동 씨 친구들입니다. 〈보기〉와 같이 쓰십시오.

보기

이름 : 김나영 – 한국
나이 : 27살
직업 : 선생님
취미 : 수영

– 이 사람은 김나영 씨예요.
– 한국 사람이에요.
– 27살이고, 선생님이에요.
– 안경을 쓰고, 정장을 입었어요.
– 구두도 신었어요.
– 김나영 씨는 수영을 좋아해요.

(1)

이름 : 안나 – 러시아
나이 : 23살
직업 : 학생
취미 : 독서

– 이 사람은 _____씨예요.
– _____예요/이에요.
– _____살이고, _____예요/이에요.
– 모자_____, 배낭_____ .
– 부츠_____ .
– _____ .

(2)

이름 : 이붕 – 중국
나이 : 25살
직업 : 회사원
취미 : 낚시

– 이 사람은 _____씨예요.
– _____예요/이에요.
– _____살이고, _____예요/이에요.
– 정장_____, 가방_____ .
– 넥타이_____ .
– _____ .

1. 〈보기〉와 같이 '-는/(으)ㄴ'을 사용하여 문장을 만드십시오.

> 보기
>
> 어제 읽었어요. 책이 재미있었어요.
> → <u>어제 읽은 책이 재미있었어요.</u>

(1) 어제 배웠어요. 문법이 어려웠어요.

→ _____

(2) 나나 씨가 입었어요. 치마가 예뻐요.

→ _____

(3) 어제 들었어요. 음악이 좋았어요.

→ _____

(4) 요즘 상영해요. 영화가 재미있어요.

→ _____

(5) 수업이 끝나요. 시간이 몇 시예요?

→ _____

2. 그림을 보고 '-는/(으)ㄴ'을 사용하여 문장을 완성하십시오.

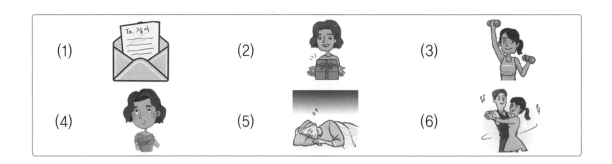

(1) 어제 _____ 편지

(2) 작년 생일에 _____ 선물

(3) 매일 _____ 솔롱고

(4) 중국에서 _____ 나나 씨

(5) 지금 기숙사에서 _____ 마이클 씨

(6) _____ 아사코 씨

3. 〈보기〉에서 알맞은 단어를 찾아 '–는/(으)ㄴ'을 사용하여 문장을 만드십시오.

보기

좋아하다   찍다   오다   공부하다   보다   만들다

우리 반 친구들을 소개하겠습니다.

마이클 씨는 미국에서 (1)(   ) 친구예요.

사진 (2)(   ) 것이 취미예요.

나나 씨는 중국 친구인데, 한국 드라마를 (3)(   ) 것을 좋아해요.

그리고 나오코 씨는 한국어를 제일 열심히 (4)(   )친구예요.

사실 제가 제일 (5)(   ) 사람은 동동 씨입니다.

동동 씨는 한국 요리를 잘해요.

동동 씨가 (6)(   ) 불고기를 먹었는데 정말 맛있었어요.

1. 〈보기〉와 같이 '-겠-'을 사용하여 대화를 완성하십시오.

 보기1

가: 동동 씨, 생일 축하해요. 오늘 무엇을 할 거예요?

나: 고마워요. 오늘 저녁에 친구들하고 같이 파티를 할 거예요.

가: 와~ 좋겠어요.

보기2

좋다   피곤하다   비가 오다   아프다   좋은 성적을 받다   맛있다

(1)

가 : 제가 만든 요리예요.

나 : 정말 _____.

(2)

가 : 회사에서 일이 많아서 어제 잠을 자지 못했어요.

나 : _____.

(3)

가 : 요즘 열심히 공부하고 있어요.

나 : _____.

(4)

가 : 너무 흐리네요.

나 : 곧 _____ .

(5)

가 : 저 사람이 넘어졌어요. 다리를 다쳤어요.

나 : 정말 _____ .

2. 〈보기〉에서 알맞은 단어를 찾아 '-겠-'을 사용하여 문장을 만드십시오.

보기

| 편하다 | 배고프다 | 비싸다 | 늦게 자다 | 힘들다 | 맛있다 |

동동 : 민수 씨는 지금 어디에 살아요?

민수 : 저는 지금 서울에 살아요. 집에서 학교까지 2시간 정도 걸려요.

동동 : 집이 정말 멀군요. (1) _____.

그런데 왜 서울에서 살아요?

민수 : 가족들이 모두 서울에서 살고 있어요. 하지만 곧 이사를 올 거예요.

동동 씨는 어디에서 살아요?

동동 : 저는 기숙사에서 살아요. 교실까지 10분정도 걸려요.

민수 : 가까워서 정말 (2) _____.

동동 : 민수 씨는 요즘 아르바이트를 해요?

민수 : 네, 아르바이트를 해요.

동동 : 몇 시쯤 끝나요?

민수 : 열 시쯤 끝나요.

동동 : 그러면 (3) _____.

민수 : 네, 그래서 아침에 자주 늦잠을 자요. 오늘도 늦잠을 자서 아침밥도 못 먹었어요.

동동 : 그래요? (4) _____. 그럼 지금 밥을 먹으러 갈까요?

민수 : 좋아요. 무엇을 먹을까요?

동동 : 갈비 어때요?

민수 : 갈비는 (5) _____지만 (6) _____.

1. 〈보기〉와 같이 쓰십시오.

가: 어제 산 옷이에요. <u>어때요?</u> (어떻다)

나: <u>하얀</u> 셔츠가 정말 예뻐요. (하얗다)

(1) 가: _____ 사과 맛이 _____?
　　　　(빨갛다)　　　　　　　　　　　(어떻다)

　　나: _____ .

(2) 가: 저 _____ 하늘을 보면 어디에 가고 싶어요?
　　　　(파랗다)

　　나: _____ .

(3) 가: 떡볶이는 무슨 색이에요?

　　나: _____ . (빨갛다)

(4) 가: 어제 무슨 옷을 입었어요?

　　나: _____ . (까맣다)

(5) 가: 어떤 색 옷을 좋아해요?

　　나: _____ .

2. 〈보기〉에서 알맞은 단어를 찾아 문장을 만드십시오.

> 보기
>
> 좋다   놓다   노랗다   어떻다   그렇다

(1) 생일 선물로 _____(으)ㄴ 꽃을 받고 싶어요.

(2) 제 친구는 정말 _____(으)ㄴ 친구입니다.

(3) 이 가방을 어디에 _____아/어요?

(4) 새로 산 신발인데 _____아/어요?

(5) 그 영화는 너무 무서웠어요. 이제 _____(은)ㄴ 영화는 보지 맙시다.

(6) 가: 머리가 아파서 집에 가고 싶어요.

　　나: _____아/어요?

　　　그러면 집에 가서 쉬세요.

새 단어	무섭다

1. 〈보기〉와 같이 '-(으)ㄴ 후에 / -기 전에'를 사용하여 문장을 만드십시오.

> 보기
>
> 공부를 합니다. 그리고 시험을 봅니다.
> → 공부를 한 후에 시험을 봅니다. / 시험을 보기 전에 공부를 합니다.

(1) 밥을 먹습니다. 그리고 약을 먹습니다.

→ _____ / _____

(2) 샤워를 합니다. 그리고 이를 닦습니다.

→ _____ / _____

(3) 비행기 표를 예매합니다. 그리고 호텔을 예약합니다.

→ _____ / _____

(4) 창문을 엽니다. 그리고 청소를 합니다.

→ _____ / _____

(5) 수업을 듣습니다. 그리고 숙제를 합니다.

→ _____ / _____

2. '-(으)ㄴ 후에 / -기 전에'를 사용하여 여러분의 하루 일과를 쓰십시오.

밥을 먹다	학교에 가다	수업을 하다	집에 오다	세수를 하다
이를 닦다	숙제를 하다	컴퓨터를 하다	친구를 만나다	점심을 먹다
커피를 마시다	운동을 하다	책을 읽다	샤워를 하다	텔레비전을 보다
전화를 하다	잠을 자다	저녁을 먹다		

보기

저는 아침에 일어난 후에 이를 닦아요.
그리고 학교에 가기 전에 밥을 먹어요.

① 일어나서 세수를 한 후에 밥을 먹습니다.

② _____

③ _____

④ _____

⑤ _____

⑥ _____

⑦ _____

⑧ _____

⑨ _____

⑩ _____

1. 다음을 듣고 물음에 답하십시오.

(1)   누구입니까? 쓰십시오.

> ① 빨간 모자를 썼습니다.   (   )
>
> ② 파란 바지를 입었습니다.   (   )
>
> ③ 노란 치마를 입었습니다.   (   )
>
> ④ 짧은 바지를 입었습니다.   (   )
>
> ⑤ 키가 큽니다.   (   )
>
> ⑥ 커피를 마시고 있습니다.   (   )

(2)   들은 내용과 같으면 O, 다르면 X 하십시오.

① 스티브 씨는 작년에 결혼했습니다.   (   )

② 스티브 씨의 부인은 치마가 잘 어울립니다.   (   )

③ 남자의 여자 친구는 도서관 안에 있습니다.   (   )

④ 남자의 여자 친구는 커피를 마시고 있습니다.   (   )

새 단어	부인

2. 다음을 듣고 물음에 답하십시오.

(1) 무엇에 대해 이야기하고 있습니까?

(2) 파티에 온 친구들은 무엇을 선물했습니까?

① 동동 •

② 마이클 •

③ 상민 •

④ 아사코 •

(3) 들은 내용과 같으면 O, 다르면 X 하십시오.

① 아사코 씨는 머리가 깁니다. ( )

② 상민 씨는 키가 제일 큽니다. ( )

③ 솔롱고 씨 생일에 파티를 했습니다. ( )

④ 동동 씨는 티셔츠를 입고 왔습니다. ( )

⑤ 머리가 짧은 사람은 마이클 씨입니다. ( )

⑥ 아사코 씨는 치마를 입고 케이크를 만들었습니다. ( )

1. 다음을 읽고 물음에 답하십시오.

> 이것은 우리 가족사진입니다. 가운데 계신 분이 할아버지십니다. 할아버지께서는 빨간 티셔츠를 입고 계십니다.
> 할아버지의 오른쪽에 있는 키가 작고 귀여운 여자아이가 제 동생입니다. 제 동생은 노란 원피스를 입고 있습니다. 할아버지 뒤에 부모님이 계십니다. 제 뒤에 계시는 엄마는 하얀 블라우스를 입고 계시고, 아빠는 까만 양복을 입고 계십니다. 저는 할아버지의 왼쪽에 있습니다. 파란 치마를 입고 빨간 모자를 쓰고 있습니다. 이 사진은 일 년 전에 찍은 사진입니다. 저는 한국에서 공부를 하고 있는데 우리 가족이 너무 보고 싶습니다.

(1) 같으면 O, 다르면 X 하십시오.

① 나는 여자입니다. (   )

② 우리 가족은 모두 5명입니다. (   )

③ 우리 가족은 지금 모두 같이 삽니다. (   )

④ 제 동생은 하얀색 옷을 입고 있습니다. (   )

(2) 위의 내용과 같은 것을 고르세요. (   )

① 아빠는 검은색 양복을 입고 계십니다.

② 내 동생은 빨간색 치마를 입고 있습니다.

③ 할아버지는 노란색 티셔츠를 입고 계십니다.

④ 우리 가족은 모두 같은 색 옷을 입고 있습니다.

(3) 우리 가족은 어디에 있습니까?

1. 친구들과 이야기하십시오.

	이름	티셔츠	치마/바지	가방	신발	머리	얼굴
〈보기〉	나나	노란 블라우스	하얀 치마	큰 가방	검은 구두	짧은 머리	눈이 크고 하얀 얼굴
(1)							
(2)							
(3)							

보기

나나 씨는 오늘 노란 블라우스와 하얀 치마를 입었습니다.

큰 가방을 메고 검은 구두를 신었습니다.

짧은 머리에 눈이 크고 얼굴이 하얀 사람이 나나 씨입니다.

(1)

(2)

(3)

7과

병원

1. 〈보기〉에서 알맞은 단어를 찾아 쓰십시오.

보기

열이 나다	진찰하다	멍이 들다	콧물이 나다	처방전을 내다
주사를 맞다	기침을 하다	밴드를 붙이다	약을 바르다	

(1)
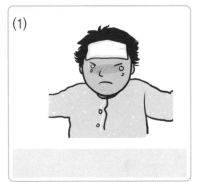

(2)
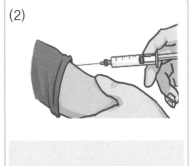

(3)
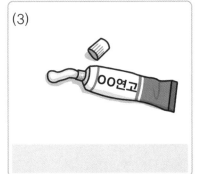

4)
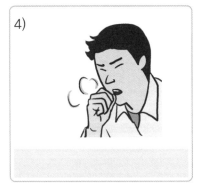

(5)

(6)
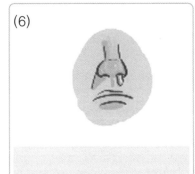

(7)

(8)

(9)

2. 〈보기〉에서 알맞은 단어를 찾아 쓰십시오.

> 보기
>
> 유행   배탈   처방전   하루 종일   푹

(1) 가: 피가 나요. 밴드가 필요해요.

　　 나: (　　　　　　　)이/가 없어요. 그래서 약국에 가서 살 수 없어요.

　　 가: 하하. 밴드는 (　　　　　　)이/가 없어도 돼요.

(2) 가: 요즘 기침 감기에 걸린 사람이 많아요.

　　 나: 네, 요즘은 기침 감기가 (　　　　　　)이에요/예요.

(3) 가: 어제 비가 많이 왔어요?

　　 나: 네, 아침부터 저녁까지 (　　　　　　) 비가 왔어요.

(4) 가: 시험이 끝났는데 오후에 무엇을 할 거예요?

　　 나: 집에 가서 (　　　　　) 쉬고 싶어요.

(5) 가: 왜 그래요? 어디 아파요?

　　 나: 어제 아이스크림을 너무 많이 먹어서 (　　　　　　)이/가 났어요.

1. 다음 그림을 보고 〈보기〉에서 알맞은 단어를 찾아 쓰십시오.

보기

| 무릎 | 입 | 어깨 | 팔 | 목 | 가슴 | 발 | 다리 | 입술 | 손 | 이마 |
| 손가락 | 배 | 얼굴 | 눈썹 | 이 | 머리 | 등 | 눈 | 발가락 | 코 | 귀 |

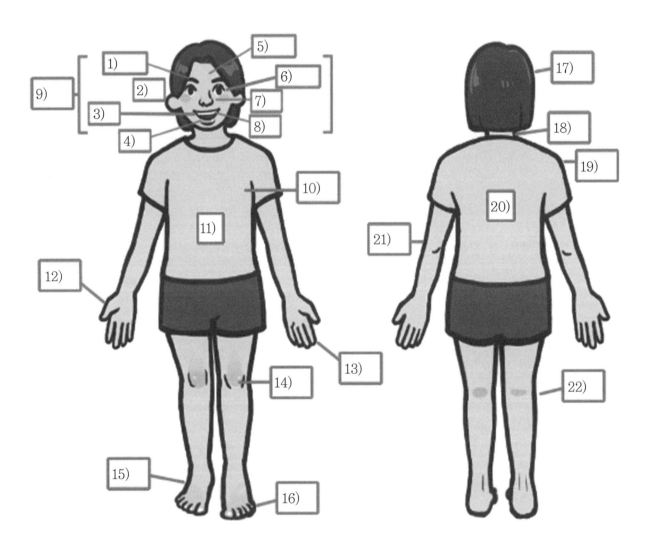

2. 알맞은 단어를 연결하십시오.

(1) 머리가 아파요 •　　　　　　　　　　• ㉠ 복통

(2) 배가 아파요 •　　　　　　　　　　• ㉡ 두통

(3) 이가 아파요 •　　　　　　　　　　• ㉢ 치통

3. 〈보기〉에서 알맞은 단어를 찾아 쓰십시오.

> 보기
>
> | 안과 | 치과 | 내과 | 진통제 |

(1) 두통이 너무 심해서 (　　　　　　)을/를 먹었어요. 하지만 낫지 않았어요.

(2) 복통이 심해서 (　　　　　　)에 갔어요. 처방전을 받고 약을 먹었어요.

(3) 어제는 치통이 너무 심했어요. 그래서 (　　　　　　)에 갔어요.

(4) 수영장에 다녀온 후에 눈이 아파서 (　　　　　　)에 갔어요.

1. 빈칸을 완성하십시오.

예쁘다	무겁다	멋있다	크다	작다	빠르다
예쁜데					
먹다	가다	살다	짓다	만들다	공부하다
먹는데					
먹었다	갔다	학생이다	가수다	학생이었다	가수였다
먹었는데					

2. '-(으)ㄴ데/-는데/인데'를 사용하여 두 문장을 한 문장으로 만드십시오.

> 보기
>
> 민수 씨는 열심히 공부해요. 나나 씨는 열심히 공부하지 않아요.
> → 민수 씨는 열심히 <u>공부하는데</u> 나나 씨는 열심히 공부하지 않아요.

(1) 중학교는 방학을 했어요. 고등학교는 아직 방학을 안 했어요.

→ _____

(2) 정아 씨는 대학생이에요. 정아 씨 오빠는 회사원이에요.

→ _____

(3) 우리 교실은 좁아요. 옆 반 교실은 넓어요.

→ _____

3. 〈보기〉와 같이 반대 말을 쓰고 '-(으)ㄴ/는데'를 사용하여 문장을 만드십시오.

〈보기〉	크다	작다	형은 키가 <u>큰데</u> 저는 키가 작아요.
1	비싸다	( )	
2	( )	쉽다	
3	많이 먹다	( )	
4	( )	가깝다	
5	( )	( )	

1. 〈보기〉와 같이 대화를 완성하십시오.

보기

가: 밤에 피아노를 쳐도 돼요?

나: 1) 네, 피아노를 쳐도 돼요.

　　2) 아니요, 피아노를 치면 안 돼요.

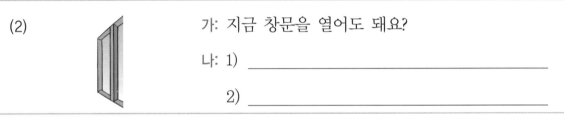

(1)

가: 여기서 사진을 찍어도 돼요?

나: 1) _____

　　2) _____

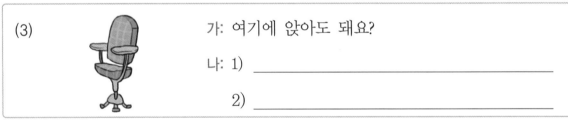

(2)

가: 지금 창문을 열어도 돼요?

나: 1) _____

　　2) _____

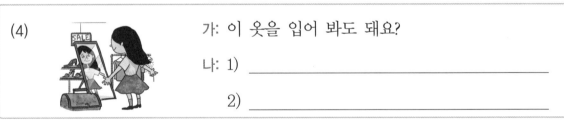

(3)

가: 여기에 앉아도 돼요?

나: 1) _____

　　2) _____

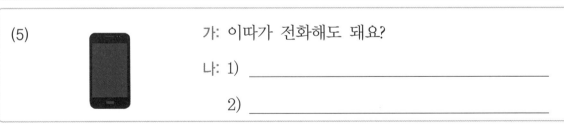

(4)

가: 이 옷을 입어 봐도 돼요?

나: 1) _____

　　2) _____

(5)

가: 이따가 전화해도 돼요?

나: 1) _____

　　2) _____

2. 〈보기〉와 같이 대화를 완성하십시오.

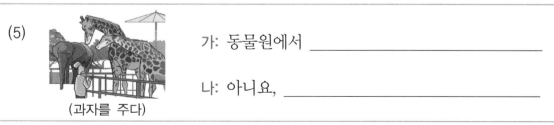
(전화하다)

가: 영화관에서 전화해도 돼요?

나: 아니요, 전화하면 안 돼요.

---

(1)

(담배를 피우다)

가: 식당에서 _____

나: 아니요, _____

---

(2)

(떠들다)

가: 도서관에서 _____

나: 아니요, _____

---

(3)

(사진을 찍다)

가: 비행기 안에서 _____

나: 네, _____

---

(4)

(이야기하다)

가: 병원에서 _____

나: 네, _____

---

(5)

(과자를 주다)

가: 동물원에서 _____

나: 아니요, _____

3. 〈보기〉와 같이 쉬는 시간에 해도 되는 일을 쓰십시오.

쉬는 시간에는

〈보기〉 친구들과 이야기해도 돼요.

(1) _____

(2) _____

(3) _____

(4) _____

(5) _____

4. 〈보기〉와 같이 여러분 나라에서 하면 <u>안 되는 것</u>을 쓰십시오.

보기

〈한국의 문화〉
밥을 먹을 때 어른들보다 먼저 숟가락을 들면 안 됩니다.

(1) _____

(2) _____

(3) _____

새 단어	숟가락

1. 친구들과 주말에 여행을 갈 거예요. 무엇을 준비할 거예요? '-(으)ㄹ'을 사용해서 쓰십시오.

→ 여행을 갈 때 (**탈**) 기차표를 예매해요. 여행지에서 (1)(   ) 책을 준비해요.

그리고 친구들과 (2)(   ) 음식도 사요. 같이 (3)(   ) 물과 콜라도 사요.

친구들과 같이 (4)(   ) 게임도 준비해요. 수영을 할 때 (5)(   ) 수영복도

가지고 가요. 그리고 바닷가에서 (6)(   ) 모자와 선글라스도 준비해요.

2. 〈보기〉와 같이 알맞은 것을 연결하고 대화를 완성하십시오.

보기

먹다 • ───────── • 음식

가: 내일 먹을 음식은 뭐예요?
나: 내일 먹을 음식은 김치찌개예요.

(1) 만나다 •	• ㉠ 친구	가: _____ 나: _____
(2) 부르다 •	• ㉡ 노래	가: _____ 나: _____
(3) 만들다 •	• ㉢ 옷	가: _____ 나: _____
(4) 입다 •	• ㉣ 음식	가: _____ 나: _____
(5) 듣다 •	• ㉤ 음악	가: _____ 나: _____

1. 〈보기〉와 같이 알맞은 것을 연결하고 '씩'을 사용하여 문장을 만드십시오.

〈보기〉 사과 •————————————• 두 개

(1) 약 •   • ㉠ 한 권

(2) 책 •   • ㉡ 두 봉

(3) 운동 •   • ㉢ 한 편

(4) 영화 •   • ㉣ 삼십 분

(5) 노래 •   • ㉤ 세 곡

〈보기〉 저는 하루에 사과를 두 개씩 먹어요.

(1) _____

(2) _____

(3) _____

(4) _____

(5) _____

2. '씩'을 사용하여 〈보기〉와 같이 문장을 만드십시오.

> 보기
>
> 우리 반 학생은 모두 열 명이에요. 피자가 스무 조각 있어요.
>
> → <u>한 사람이 두 조각씩</u> 먹을 수 있어요.

(1) 한국어 책이 12권 있어요. 학생이 모두 6명 있어요.

→ _____ 주면 돼요.

(2) 장미꽃이 20송이 있어요. 우리 반 학생들은 모두 5명이에요.

→ _____ 받을 수 있어요.

(3) 5명이 같이 밥을 먹었어요. 음식 값이 모두 3만원이에요.

→ _____ 내야 해요.

(4) 배울 문법이 10개 있어요. 5일 동안 공부할 거예요.

→ _____ 배워야 해요.

(5) 약이 9봉 있어요. 3일 동안 먹어야 해요.

→ _____ 먹어야 해요.

새 단어	조각

1. 〈보기〉와 같이 알맞은 것을 연결하고 '(이)나'를 사용하여 문장을 만드십시오.

> 보기
>
> 우유 •————————• 컵
> 제 동생은 우유를 좋아해서 하루에 다섯 컵이나 마셔요. (마시다)

(1) 양말 •   • ㉠ 대   (5) 장미 •   • ㉤ 자루

(2) 자동차 •   • ㉡ 켤레   (6) 강아지 •   • ㉥ 마리

(3) 밥 •   • ㉢ 병   (7) 책 •   • ㉦ 권

(4) 맥주 •   • ㉣ 그릇   (8) 볼펜 •   • ㉧ 송이

(1) _____ (사다)

(2) _____ (있다)

(3) _____ (먹다)

(4) _____ (마시다)

(5) _____ (받다)

(6) _____ (있다)

(7) _____ (읽다)

(8) _____ (잃어버리다)

2. '(이)나'를 사용하여 대화를 완성하십시오.

(1) (밥, 세 그릇)

　　가: 저는 오늘 점심에 밥을 세 그릇 먹었어요.

　　나: 우와! 밥을 (　　　　　　　　　) 먹었어요? 정말 많이 먹었군요!

(2) (장미, 100송이)

　　가: 어제 장미 100송이를 샀어요.

　　나: 우와! _____

(3) (운동, 4시간)

　　가: _____

　　나: _____

(4) (외국어, 3개)

　　가: _____

　　나: _____

(5) (영화, 4편)

　　가: _____

　　나: _____

1. 〈보기〉에서 알맞은 동사를 찾아 쓰십시오.

> 보기
>
> 바르다   오르다   자르다   부르다   흐르다

		–아/어서	–고	–았/었어요
(1)	( )			
(2)	( )			
(3)	( )			
(4)	( )			
(5)	( )			

154

2. 〈보기〉에서 알맞은 단어를 찾아 쓰십시오.

보기

다르다   모르다   빠르다   고르다   게으르다

(1) 동생은 농구를 좋아하고, 형은 축구를 좋아해요. 동생과 형은 좋아하는 운동이

＿＿＿＿＿＿＿＿아/어/여요.

(2) 제 친구는 ＿＿＿＿＿＿＿＿아/어/여요. 청소도 안 하고 숙제도 잘 안 해요.

(3) 저는 그 사람 이름을 ＿＿＿＿＿＿아/어/여요. 오늘 처음 만났어요.

(4) 교통수단 중에서 비행기가 제일 ＿＿＿＿＿＿아/어/여요.

(5) 김밥과 떡볶이 중에서 떡볶이를 ＿＿＿＿＿＿＿았/었/였어요.

1. 다음 문장을 〈보기〉와 같이 '밖에'를 사용하여 쓰십시오.

> **보기**
>
> 저는 한국어만 할 수 있어요.
> → 저는 <u>한국어밖에</u> 할 수 없어요.

(1) 저는 우유만 마셔요.

→ _____

(2) 저는 청바지만 입어요.

→ _____

(3) 가방에 지갑만 있어요.

→ _____

(4) 우리 기숙사에는 외국인만 살아요.

→ _____

(5) 마이클 씨는 농구만 잘해요.

→ _____

2. 〈보기〉와 같이 문장을 만드십시오.

〈보기〉	**할 수 있는 운동** 농구(×), 축구(○), 수영(×), 탁구(×)	〈보기〉 ① 축구만 할 수 있어요. ② 할 수 있는 운동이 <u>축구밖</u>에 없어요.
(1)	**가지고 있는 돈** 한국 돈(○), 일본 돈(×), 중국 돈(×)	① _____ ② _____
(2)	**만들 수 있는 한국 음식** 김치찌개(○), 비빔밥(×), 김밥(×)	① _____ ② _____
(3)	**만날 수 있는 시간** 월요일(×). 화요일(○), 수요일(×)	① _____ ② _____
(4)	**한국에서 가 본 곳** 부산(×), 제주도(×), 서울(○)	① _____ ② _____
(5)	**먹을 수 있는 한국 음식** 불고기(○), 김치(×) 떡볶이(×)	① _____ ② _____

1. 다음을 듣고 물음에 답하십시오.

(1) 나나 씨의 증상이 <u>아닌</u> 것을 고르십시오. (　　)

　① 목이 아파요.　　　　　　② 열이 나요.

　③ 기침을 해요.　　　　　　④ 콧물이 나요.

(2) 들은 내용과 같으면 O, 다르면 X 하십시오.

　① 나나 씨는 내일 병원에 갈 거예요.　　　　　　(　　)

　② 따뜻한 물을 마시는 것이 감기에 좋아요.　　　(　　)

　③ 마이클 씨는 나나 씨에게 죽을 만들어 줬어요.　(　　)

　④ 나나 씨는 오늘 너무 바빠서 병원에 못 갔어요.　(　　)

　⑤ 마이클 씨는 내일 나나 씨에게 생강차를 줄 거예요.　(　　)

2. 다음을 듣고 물음에 답하십시오.

(1) 동동 씨는 친구에게 무엇을 사 줄 겁니까?

　(　　　　　　　　　　　　　　　　　　　　　　　)

(2) 누가, 언제, 왜 다쳤습니까? (　　　　　　　　　　　　)

(3) 들은 내용과 같으면 O, 다르면 X 하십시오.

　① 동동 씨가 어제 산 과일은 맛있어요.　　　　(　　)

　② 정아 씨는 동동 씨에게 주려고 책을 사요.　　(　　)

　③ 정아 씨는 동동 씨와 같이 책을 사러 갈 거예요.　(　　)

　④ 동동 씨의 친구는 일주일 정도 병원에 있어야 해요.　(　　)

새 단어	생강차

1. 다음을 읽고 물음에 답하십시오.

저는 지금 한국에서 한국어를 공부해요. 저 같은 외국 학생들은 아프면 더 힘들어요. 병원에 가서 한국어로 설명하는 것이 정말 어려워요. 그리고 아프면 고향에 너무 가고 싶어요. 부모님도 보고 싶고, 친구들도 보고 싶어요. 그래서 저는 평소에 운동도 열심히 하고 밥도 꼭 먹어요. 하루에 1시간 정도 걷고 차도 자주 마시고 건강에 좋은 음식도 많이 먹어요. 그리고 아침과 점심, 저녁을 다 먹어요.

감기에 걸리면 생강차나 대추차를 많이 마셔요. 그리고 맛있는 음식을 먹고 집에서 푹 쉬어요. 잠이 안 오면 약을 먹지 않고 따뜻한 우유를 마시거나 따뜻한 물로 목욕을 해요. 이렇게 하면 잠을 잘 잘 수 있어요. 머리가 아프면 잠깐 눈을 감고 쉬거나 산책을 해요.

평소에 이렇게 생활해서 지금까지 병원에 한 번밖에 안 갔어요.

(1) 이 사람에 대한 설명과 <u>다른</u> 것을 고르십시오. (   )

① 외국 학생이에요.   ② 밥을 많이 먹어요.

③ 평소에 산책을 해요.   ④ 운동을 열심히 해요.

(2) 이 사람이 하는 것이 <u>아닌</u> 것을 고르십시오. (   )

① 머리가 아파요. ────▶ 잠깐 잠을 자요.

② 감기에 걸렸어요. ────▶ 집에서 푹 쉬어요.

③ 감기에 걸렸어요. ────▶ 맛있는 음식을 먹어요.

④ 잠이 안 와요. ────▶ 따뜻한 물로 목욕을 해요.

새 단어	설명하다 평소 (눈을)감다

(3) 위 글의 내용과 같으면 O, 다르면 X 하십시오.

① 부모님이 보고 싶으면 몸이 아파요.   (   )

② 이 사람은 지금까지 병원에 한 번 갔어요.   (   )

③ 감기에 걸리면 잘 낫지 않아서 차를 마셔요.   (   )

1. 〈보기〉와 같이 쓰십시오.

(1) 스트레스를 받을 때

보기

> 할 일이 많은데 하기 싫을 때

①

②

③

(2) 스트레스를 푸는 방법

보기

> 노래방에 가서 크게 노래를 불러요,

①

②

③

2. '스트레스를 푸는 방법'에 대해서 쓰십시오.

▶ 언제 스트레스를 받아요?

▶ 어떻게 스트레스를 풀어요?

8과

생활

1. 〈보기〉에서 알맞은 단어를 찾아 쓰십시오.

> **보기**
>
> 신분증   체크 카드   비자   신청서   외국인등록증

(1) 한국에서 외국인이 휴대폰을 살 때 (   )나/이나 여권이 필요해요.

(2) 통장을 만들고 싶으시면 (   )을/를 한 장 작성해 주세요.

(3) 현금이 없지만 (   )으로/로 물건을 살 수 있어요.

(4) 가: 통장을 만들려고 해요. 무엇이 필요해요?

     나: (   )만 있으면 돼요.

(5) (   ) 때문에 출입국 관리 사무소에 다녀왔어요.

새 단어	현금

2. 〈보기〉에서 알맞은 단어를 찾아 쓰십시오.

보기

저금하다　　　찾다　　　올리다　　　예매하다　　　부치다

(1)　부산에 있는 친구에게 옷을 (　　　　　　　)았/었/였어요.

(2)　가: 이 상자를 어디에 놓아요?

　　　나: 네, 여기 저울에 (　　　　　　　)(으)세요.

(3)　동동 씨는 돈이 없어서 돈을 (　　　　　　　)(으)러 은행에 갔습니다.

(4)　아르바이트를 하고 돈을 받으면 (　　　　　　　)아/어/여요.

(5)　내일이 주말이기 때문에 영화표를 (　　　　　　　)았/었/였어요.

1. 〈보기〉와 같이 알맞은 단어를 찾아 연결하고 문장을 만드십시오.

〈보기〉 통장을 만듭니다.

(1) _____

(2) _____

(3) _____

(4) _____

2. 〈보기〉에서 알맞은 단어를 찾아 쓰십시오.

> 보기
>
> 급하다   힘들다   이상하다   불편하다   편리하다

(1) 가: 김치를 잘 먹네요. 맵지 않아요?

  나: 네, 처음에는 매워서 못 먹었는데 이제 김치가 없으면 (   )

    아/어/여요.

(2) 가: 오늘 부치면 얼마나 걸려요?

  나: 보통은 3일 걸리는데 (   )(으)면 특급으로 보내세요.

(3) 가: 우와~ 집에서도 부산에 있는 친구에게 물건을 보낼 수 있어요?

  나: 네, 예전에는 직접 우체국에 가야 해서 (   )았/었/였는데

    이제는 아주 편해요.

(4) 가: 요즘은 휴대폰으로 쇼핑을 할 수 있네요.

  나: 네, 그리고 지갑 없이 가게에서 휴대폰으로 물건을 살 수 있어서

    (   )아/어/여요.

(5) 가: 한국에 온 지 얼마 안 되어서 많이 (   )(으)ㄹ 거예요.

    제가 많이 도와 줄게요.

  나: 감사합니다.

1. '-는데요/-(으)ㄴ데요/(이)ㄴ데요'를 사용하여 대화를 완성하십시오.

(1) 가: 내일 같이 영화를 볼까요?

   나: 다음 주에 시험이 있어서 _____ .

   가: 그럼 다음에 봐요.

(2) 가: 오후에 같이 등산 갑시다.

   나: 오후에는 약속이 _____ .

   가: 그럼 다음에 같이 가요.

(3) 가: 버스를 탈까요?

   나: 지금은 _____ .

   가: 그럼 지하철을 타요.

(4) 가: 날씨도 더운데 시원한 맥주 한 잔 마실까요? 어때요?

   나: 미안해요. _____ .

   가: 괜찮아요. 그럼 다음에 마셔요.

(5) 가: 지금 어디에 가세요?

   나: _____ .

   가: 그럼 같이 가요. 나도 교재를 사야 해요.

2. 〈보기〉에서 알맞은 문장을 찾아 대화를 완성하십시오.

> 보기
>
> | | | |
> |---|---|---|
> | 없는데요 | 네, 그런데요 | 아닌데요 |
> | 누구신데요? | 카잉인데요 | 맞는데요 |

(1) 가: 여보세요? 거기 김선생님 댁이지요?

　　나: ① _____ 누구세요?

　　가: 저는 선생님 반 학생 ② _____ 선생님 좀 바꿔 주세요.

　　나: 네, 잠깐만 기다리세요.

(2) 가: 여보세요? 거기 나나 씨 집이지요?

　　나: 네, ① _____ 누구세요?

　　가: 저는 나나 씨 친구 왕동동인데요. 나나 씨 좀 바꿔 주세요.

　　가: 지금 집에 나나 ② _____

(3) 가: 여보세요? 거기 순천향대학교 도서관이지요?

　　나: _____ 몇 번에 거셨어요?

　　가: 거기 530-1114 아니에요?

　　나: 아니에요. 잘못 거셨어요.

(4) 가: 여보세요? 김 선생님 휴대폰이지요?

　　나: 네, _____

　　가: 저는 솔롱고예요.

1. '-(으)면 되다'를 사용하여 대화를 완성하십시오.

보기

열심히 공부하다   9시까지 가다   한국 드라마를 많이 보다

여기에서 지하철을 타다   잘 먹고 푹 쉬다

(1) 가: 이번 시험을 잘 보고 싶어요. 어떻게 해야 해요?

나: _____

(2) 가: 몇 시까지 회사에 가야 해요?

나: _____

(3) 가: 한국어를 잘하고 싶어요. 어떻게 해야 할까요?

나: _____

(4) 가: 순천향대학교에 어떻게 가요?

나: _____

(5) 가: 감기에 걸렸는데 어떻게 해야 해요?

나: _____

2. 〈보기〉와 같이 고민들을 듣고 '-(으)면 되다'를 사용하여 문장을 완성하십시오.

(1) 저는 요즘 밤에 잠을 잘 수 없어요. 어떻게 하면 될까요?

_____

(2) 듣기 시험이 너무 어려워요. 어떻게 하면 될까요?

_____

(3) 공부를 해야 하는데 너무 졸려요. 어떻게 해야 할까요?

_____

(4) 한국에 온 후에 살이 찌고 있어요. 어떻게 해야 할까요?

_____

(5) 토픽(TOPIK) 수업을 어떻게 신청해야 돼요?

_____

새 단어	졸리다 살 찌다

1. 〈보기〉와 같이 '-(으)ㄴ 지'를 사용하여 문장을 만드십시오.

> 보기
>
> 1년 전에 한국에 왔어요.
>
> → <u>한국에 온 지 1년이 지났어요 / 되었어요.</u>

(1) 20년 전에 부모님께서 결혼하셨어요.

→ _____

(2) 한 달 전에 고향 친구를 만났어요.

→ _____

(3) 2시간 전에 점심을 먹었어요.

→ _____

(4) 30분 전부터 친구를 기다렸어요.

→ _____

(5) 3년 전부터 태권도를 배웠어요.

→ _____

2. 〈보기〉와 같이 '-(으)ㄴ 지'를 사용하여 대화를 완성하십시오.

> **보기**
>
> 가: 그 휴대폰을 얼마나 사용했어요?
>
> 나: <u>이 휴대폰을 사용한 지 1년이 지났어요 / 넘었어요.</u>

(1) 가: 한국어를 얼마나 배웠어요?

　　나: ＿＿＿＿＿＿＿＿＿＿＿＿＿＿＿＿＿＿＿＿＿＿＿＿＿＿

(2) 가: 기숙사에서 얼마나 살았어요?

　　나: ＿＿＿＿＿＿＿＿＿＿＿＿＿＿＿＿＿＿＿＿＿＿＿＿＿＿

(3) 가: 언제 미용실에 갔어요?

　　나: ＿＿＿＿＿＿＿＿＿＿＿＿＿＿＿＿＿＿＿＿＿＿＿＿＿＿

(4) 가: 언제 영화관에서 영화를 봤어요?

　　나: ＿＿＿＿＿＿＿＿＿＿＿＿＿＿＿＿＿＿＿＿＿＿＿＿＿＿

(5) 가: 언제 고등학교를 졸업했어요?

　　나: ＿＿＿＿＿＿＿＿＿＿＿＿＿＿＿＿＿＿＿＿＿＿＿＿＿＿

1. 이번 주의 계획을 '-기'를 사용하여 쓰십시오.

요일	계획
일요일	예) 청소하기, 빨래하기, 숙제하기, 쇼핑하기
월요일	
화요일	
수요일	
목요일	
금요일	
토요일	

2. 〈보기〉와 같이 '-기'를 사용하여 문장을 만드십시오.

> 보기
>
> 한국어 <u>공부하기가</u> 재미있어요? (공부하다)

(1) 아침에 일찍 _____ 힘들어요.

(2) 영어를 _____ 가 어렵습니다.

(3) 저는 혼자 _____ 를 좋아합니다.

(4) 저는 술 _____ 를 싫어합니다.

(5) 저는 책 _____ 가 재미있습니다.

(6) _____ 바랍니다. (건강하다)

새 단어	바라다

1. 〈보기〉와 같이 알맞은 문장을 찾아 연결하고 '-기 때문에'를 사용하여 문장을
만드십시오.

〈보기〉 밖에 비가 오다 • • ㉠ 도서관에서 책을 못 빌려요.

(1) 수업 시간이다 • • ㉡ 우산을 가지고 가야 해요.

(2) 학생증이 없다 • • ㉢ 두꺼운 옷을 입어야 해요.

(3) 날씨가 춥다 • • ㉣ 학교에 갈 수 없어요.

(4) 몸이 아프다 • • ㉤ 전화를 받을 수 없어요.

〈보기〉 밖에 비가 오기 때문에 우산을 가지고 가야 해요.

(1) _____

(2) _____

(3) _____

(4) _____

2. 그림을 보고 '때문에'를 사용하여 문장을 만드십시오.

(1) <u>회의 때문에</u> 어제 마이클 씨 생일 파티에
　　못 갔어요.

(2) ＿＿＿＿＿＿＿＿ 산책을 못해요.

(3) ＿＿＿＿＿＿＿＿ 아기가 울어요.

(4) ＿＿＿＿＿＿＿＿ 친구와 싸웠어요.

(5) ＿＿＿＿＿＿＿＿ 학교에 못 갔어요.

1. **다음을 듣고 물음에 답하십시오.**

(1) 우체국에서 하는 일이 <u>아닌</u> 것을 고르십시오.　　　(　　)

　　① 돈 보내기　　② 물건 보내기　　③ 보험 들기　　④ 표 예약하기

(2) 들은 내용과 같으면 O, 다르면 X 하십시오.

　　① 택배 서비스를 이용하는 것은 비쌉니다.　　　　　　(　　)

　　② 돈을 보내고 싶으면 우체국에 가면 됩니다.　　　　　(　　)

　　③ 동동 씨는 우체국에서 택배를 보내 봤습니다.　　　　(　　)

2. **다음을 듣고 물음에 답하십시오.**

(1) 인터넷으로 집을 구할 때 무엇으로 검색합니까?

　　① 살고 싶은 곳　　② ＿＿＿＿＿＿＿＿＿　　③ ＿＿＿＿＿＿＿＿＿

(2) 집을 보러 다니면 무엇이 힘듭니까? (　　　　　　　　　　　　)

(3) 아사코 씨는 대회가 끝난 후에 무엇을 합니까?　　　(　　)

　　① 부동산에 갑니다.　　　　　② 집 사진을 찍습니다.
　　③ 직접 집을 보러 갑니다.　　　④ 인터넷으로 집을 찾습니다.

(4) 들은 내용과 같으면 O, 다르면 X 하십시오.

　　① 아사코 씨는 인터넷으로 집을 구할 것입니다.　　　(　　)
　　② 상민 씨는 직접 집을 보러 다니는 것을 좋아합니다.　(　　)
　　③ 인터넷을 이용해서 사진을 보고 방을 구할 수 있습니다. (　　)

새 단어	(보험을) 들다 택배 서비스 편하다 부동산 사이트 가격 검색하다

1. 다음을 읽고 물음에 답하십시오.

> 저는 한국에 온 지 3개월이 넘었지만 아직도 한국 문화를 잘 모릅니다. ㉠환전 때문에 자주 가는 은행이 있는데 지난주에는 부모님께서 보내 주신 돈도 찾고 체크 카드도 만들려고 갔습니다. 하지만 신분증이 없었기 때문에 카드를 만들 수 없었습니다. 우리 고향에서는 돈을 찾을 때만 신분증이 필요하고 카드를 만들 때는 필요하지 않습니다.

(1) 이 사람은 은행에 왜 자주 갑니까?

　(　　　　　　　　　　　　　　　　　　　　)

(2) 지난주에는 왜 은행에 갔습니까?

　(　　　　　　　　　　　　　　　　　　　　)

(3) ㉠과 의미가 같은 것을 고르십시오. (　　)

　　① 돈을 쓰다　　② 돈을 찾다　　③ 돈을 바꾸다　　④ 돈을 보내다

(4) 위 글의 내용과 같으면 O, 다르면 X 하십시오.

　　① 이 사람의 고향과 한국의 문화가 비슷합니다.　　(　)

　　② 이 사람은 은행에서 환전도 하고 저금도 합니다.　　(　)

　　③ 한국에서는 체크 카드를 만들 때 신분증이 필요합니다. (　)

1. 우리 학교 기숙사는 무엇이 좋습니까? 무엇이 불편합니까?

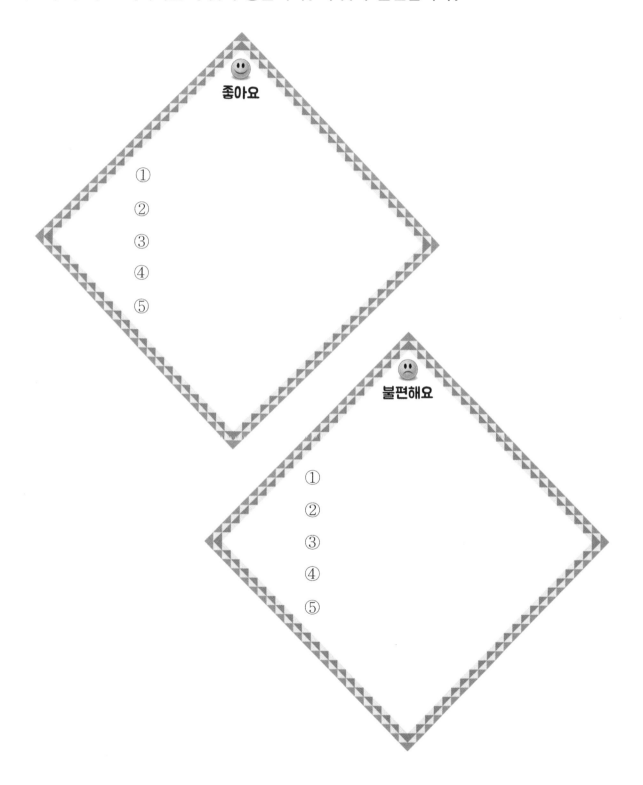

좋아요

①

②

③

④

⑤

불편해요

①

②

③

④

⑤

2. 기숙사 생활은 어떻습니까? 쓰십시오.

9과

연락

1. 알맞은 것을 연결하십시오.

(1) 사진 / 동영상을 •   • ㉠ 확인하다

(2) 댓글을 •   • ㉡ 쓰다

(3) 블로그에 •   • ㉢ 올리다

(4) 파일을 •   • ㉣ 들어가다

(5) 이메일을 •   • ㉤ 내려받다

2. 〈보기〉에서 알맞은 단어를 찾아 쓰십시오.

> 보기
>
> 블로그   채팅   이메일   파일   댓글

나나 씨는 시간이 있을 때마다 스마트폰을 봅니다.

그리고 스마트폰으로 (   )을/를 확인합니다. 메일과 함께 온

(   )도 확인합니다. 그리고 친구와 (   )도 합니다. 친구의

(   )에 들어가서 사진도 보고, 친구가 쓴 글도 읽습니다. 그리고

(   )도 씁니다. 이렇게 하면 시간이 정말 빨리 갑니다.

새 단어	동영상 내려받다

1. 〈보기〉에서 알맞은 단어를 찾아 쓰십시오.

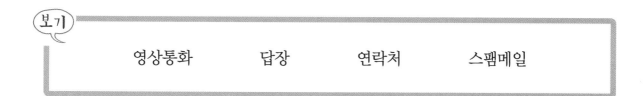

보기

| 영상통화 | 답장 | 연락처 | 스팸메일 |

(1) 저는 고향에 계신 부모님과 (   )을/를 하면 얼굴을 볼 수 있어서 좋습니다.

(2) 가: 저에게 (   )을/를 좀 알려주세요.

나: 제 전화번호는 010-1234-5678이고, 메일 주소는 sch@sch.ac.kr이예요.

(3) 친구에게 문자메시지를 보냈는데 아직 (   )이/가 오지 않았어요.

(4) 요즘은 친구들에게서 받는 메일보다 필요 없는 (   )이/가 더 많아요.

2. 〈보기〉에서 알맞은 단어를 찾아 쓰십시오.

보기

| 방금 | 이따가 | 아직 | 마침 | 이미 | 금방 |

(1) 가: 민수 씨, 숙제 다 했어요?

　　나: 아니요. (　　　　　) 다 못했어요. 10분쯤 더 걸릴 것 같아요.

(2) 가: 우산을 안 가지고 갔는데 어떻게 왔어요?

　　나: (　　　　　) 친구에게 우산이 두 개 있어서 빌렸어요.

(3) [전화통화]

　　가: 정아 씨, 어디예요?

　　나: 식당이에요. 왜요?

　　가: (　　　　　) 솔롱고 씨가 정아 씨를 보러 왔어요.

　　나: 그래요? (　　　　　) 갈게요. 5분만 기다려 주세요.

(4) 가: 나나 씨, 이 문법 좀 설명해 주세요.

　　나: 미안해요. 저도 잘 모르니까 (　　　　　) 선생님이 오시면 여쭤 보세요.

(5) 편지를 부치러 우체국에 갔는데 (　　　　　) 문을 닫았어요.

| 새 단어 | 여쭈다 |

1. 다음 그림을 보고 〈보기〉와 같이 '한테(서) / 에게(서) / 께'를 사용하여 문장을
   만드십시오.

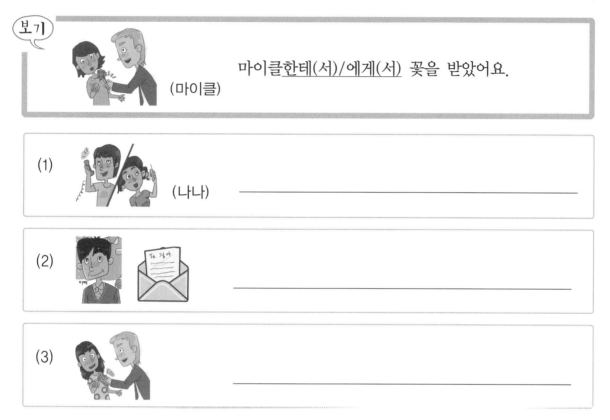

보기

(마이클)
마이클한테(서)/에게(서) 꽃을 받았어요.

(1) (나나) _____

(2) _____

(3) _____

2. 〈보기〉와 같이 맞는 것을 고르십시오.

보기

친구(한테), 한테서) 편지를 썼어요.

(1) 오늘 저녁에 동생 (한테, 한테서) 재미있는 이야기를 해 줄 거예요.

(2) 이것은 룸메이트 (한테, 한테서) 받은 과자인데 내일 다른 친구 (한테, 한테서)
    줄 거예요.

(3) 친구 (한테, 한테서) 민수의 생일에 관해 들었어요.
    내일 민수 (한테, 한테서) 선물을 줄 거예요.

1. 다음을 보고 '-(으)ㄴ 적이 있다/없다'를 사용해서 문장을 만드십시오.

한국어를 배우다	비행기를 타다	음식을 만들다
친구와 운동하다	눈을 보다	김치를 먹다

→ 카잉은 지난 여름에 한국에 왔습니다. 지금 한국에서 한국어를 배우고 있습니다. 한국에 오기 전에 1년 동안 한국어를 배운 적이 있습니다. 그래서 처음 한국에 왔을 때 한국 생활이 조금 쉬웠습니다. 카잉은 한국에 올 때 처음 비행기를 탔습니다. 전에는 (1) _____ . 카잉은 고향에서는 (2) _____ . 항상 어머니께서 해 주셨습니다. 하지만 지금은 카잉이 음식을 만듭니다. 카잉은 요즘 친구와 같이 운동을 합니다. 그러나 예전에는 (3) _____ . 카잉은 베트남에서 (4) _____ . 그래서 이번 겨울에 눈을 봐서 아주 기뻤습니다. 카잉은 베트남에서 한국 친구와 같이 (5) _____ 아/어/여서 지금도 김치를 아주 잘 먹습니다.

새 단어	예전

186

2. 〈보기〉와 같이 '-(으)ㄴ 적이 있다/없다'를 사용해서 쓰십시오.

> 보기
>
> 가: 민수 씨, 제주도에 **간 적이 있어요?**
>
> 나: 아니요, 제주도에 **간 적이 없어요.**

	〈보기〉 제주도에 가다 (O / Ⓧ)		제주도에 간 적이 없어요.
1	혼자 영화를 보다	(O / X)	
2	밤을 새우다	(O / X)	
3	시험에서 100점을 받다	(O / X)	
4	유명한 가수의 공연을 보러 가다	(O / X)	
5	( )	(O / X)	

새 단어	새우다

1. 다음 빈칸을 완성하십시오.

	과거	현재	미래
먹다	먹은 것 같다	( )	먹을 것 같다
가다	( )	가는 것 같다	( )
공부하다	( )	( )	( )
예쁘다	( )	( )	( )
작다	( )	( )	작을 것 같다

2. 우리 반 친구들에 대해서 쓰십시오.

	질문	친구 이름
1	가장 일찍 <u>결혼할 것 같은</u> 사람	
2	아들/딸이 가장 <u>예쁠 것 같은</u> 사람	
3	공부를 제일 <u>열심히 하는 것 같은</u> 사람	
4	지금 <u>사랑을 하고 있는 것 같은</u> 사람	

3. 우리 반 친구들의 미래의 모습에 대해 이야기하고 쓰십시오.

	이름	10년 후
1		
2		
3		

1. 〈보기〉와 같이 알맞은 것을 연결하고 '-기 위해(서)'를 사용하여 문장을 쓰십시오.

〈보기〉	**한국어를 배우다**	●━━━━━━●		**한국에 오다**
(1)	시험을 잘 보다	●	● ㉠	고향에 다녀오다
(2)	선물을 사다	●	● ㉡	아르바이트를 하다
(3)	친구 결혼식을 보다	●	● ㉢	백화점에 가다
(4)	비행기 표를 사다	●	● ㉣	도서관에 가다
(5)	책을 빌리다	●	● ㉤	열심히 공부하다

〈보기〉 한국어를 <u>배우기 위해서</u> 한국에 왔어요.

(1) _____

(2) _____

(3) _____

(4) _____

(5) _____

2. 〈보기〉와 같이 '을/를 위해서'를 사용하여 문장을 만드십시오.

〈보기〉	부모님	부모님을 위해서 음식을 만들었어요.
1	친구	
2	나의 미래	
3	건강	
4	남자친구/여자친구	
5	미래의 아들/딸	

3. 여러분의 꿈은 무엇입니까? 여러분은 꿈을 이루기 위해서 무엇을 하고 있습니까? 〈보기〉와 같이 쓰십시오.

보기
> 제 꿈은 한국어 선생님이 되는 것입니다.
> 저는 한국어 선생님이 되기 위해서 한국어를 열심히 공부하고 있습니다.

→ 제 꿈은 (   )입니다. 저는 (   )이/가 되기 위해서

① _____

② _____

새 단어	꿈 이루다

190

1. 〈보기〉와 같이 알맞은 것을 연결하고 '-게 되다'를 사용하여 문장을 만드십시오.

〈보기〉 **다리를 다쳐서**	●━━━━━━━━━━●	**병원에 가다**
(1) 친구가 소개해 줘서	●	● ㉠ 새로 사다
(2) 학교에서 집까지 멀어서	●	● ㉡ 그 배우를 좋아하다
(3) 〈부산행〉을 본 후에	●	● ㉢ 이사를 하다
(4) 휴대폰이 계속 고장 나서	●	● ㉣ 아르바이트를 하다
(5) 여행을 가고 싶어서	●	● ㉤ 그 사람을 알다
(6) 우유를 먹고 배탈이 난 후에	●	● ㉥ 우유를 싫어하다

〈보기〉 다리를 다쳐서 병원에 가게 되었어요.

(1) _____

(2) _____

(3) _____

(4) _____

(5) _____

(6) _____

새 단어	(고장이) 나다 이사

2. 보기와 같이 '-게 되다'를 사용하여 대화를 완성하십시오.

> **보기**
>
> 가: 수영을 아주 잘하시네요. 연습을 많이 했어요?
> 나: 네, 연습을 많이 해서 <u>잘하게 됐어요.</u>

(1) 가: 그 사람을 처음부터 좋아했어요?

  나: 아니요. 처음에는 싫어했는데 _____

(2) 가: 언제부터 음식을 직접 했어요?

  나: 한국에 온 후부터 _____

(3) 가: 한국어를 정말 잘하시네요.

  나: 처음에는 _____

(4) 가: 왜 여행을 못 갔어요?

  나: _____

(5) 가: 처음부터 매운 음식을 잘 먹었어요?

  나: _____

1. 다음을 듣고 물음에 답하십시오.

(1) 민수 씨는 나나 씨에게 왜 전화를 했습니까? (　　)

① 약속 시간과 장소를 몰라서

② 약속 시간에 늦을 것 같아서

③ 나나 씨에게 문자 메시지를 보내기 위해서

④ 나나 씨가 민수 씨에게 전화를 하지 않아서

(2) 나나 씨가 이 메시지를 들은 후에 무엇을 하겠습니까?

(　　　　　　　　　　　　　　　　　　　　)

(3) 들은 내용과 같으면 O, 다르면 X 하십시오.

① 민수 씨는 40분 후에 약속 장소에 도착할 겁니다. (　　)

② 오늘은 쉬는 날이라서 길이 더 막히는 것 같습니다. (　　)

③ 민수 씨는 나나 씨가 전화를 받지 않아서 음성 메시지를 남겼습니다.

(　　)

2. 다음을 듣고 물음에 답하십시오.

(1) 나나 씨는 마이클 씨에게 왜 전화를 했습니까? (　　)

① 결혼식에 초대하기 위해서

② 정아 씨와 연락하고 싶어서

③ 메일 주소를 가르쳐 주기 위해서

④ 순천향대학교에서 같이 공부하고 싶어서

새 단어	혹시

(2) 마이클 씨는 나나 씨가 보낸 메일을 왜 받지 못했습니까? (   )

① 정아 씨가 잘못 가르쳐 줘서

② 마이클 씨가 주소를 잘못 말해서

③ 나나 씨가 주소를 잘못 알고 있어서

④ 마이클 씨가 메일 확인을 하지 않아서

(3) 들은 내용과 같으면 O, 다르면 X 하십시오.

① 마이클 씨는 다음 달에 결혼할 겁니다. (   )

② 두 사람은 연락을 한 지 오래 되었습니다. (   )

③ 두 사람은 예전에 같은 학교에서 공부했습니다. (   )

④ 마이클 씨는 나나 씨에게 메일을 세 번 보냈습니다. (   )

⑤ 마이클은 정아 씨에게 나나 씨의 전화번호를 가르쳐 주었습니다.

(   )

1. 다음을 읽고 물음에 답하십시오.

저는 지금 한국에서 한국어를 공부하고 있습니다. 부모님이나 친구와 연락을 할 때 주로 이메일을 사용합니다. 전화를 하거나 채팅도 하지만 저는 이메일이 제일 좋습니다.

먼저 이메일은 돈이 필요하지 않습니다. 편지를 보낼 때는 편지지와 편지봉투, 우표를 사야 합니다. 하지만 이메일은 이런 것들이 모두 필요하지 않습니다. 그리고 이메일은 내가 쓰고 싶을 때 쓸 수 있고, 보내고 싶을 때 보낼 수 있습니다. 우체국에 가지 않아도 됩니다. 또, 사진이나 음악 파일도 같이 보낼 수 있어서 좋습니다.

하지만 인터넷이 연결되지 않으면 이메일을 보낼 수 없습니다. 그리고 친구들에게서 받는 메일보다 스팸메일이 너무 많아서 필요한 메일을 찾기가 불편합니다.

---

(1) 이 사람이 연락하는 방법이 <u>아닌</u> 것을 고르십시오. (   )

① 채팅   ② 편지   ③ 전화   ④ 메일

(2) 이메일의 장점이 <u>아닌</u> 것을 고르십시오. (   )

① 돈이 필요하지 않습니다.
② 사진을 같이 보낼 수 있습니다.
③ 보내고 싶으면 언제나 보낼 수 있습니다.
④ 인터넷이 안 되면 이메일을 보낼 수 없습니다.

새 단어	이메일 편지지 편지 봉투 연결되다 장점

(3) 위 글의 내용과 같으면 O, 다르면 X 하십시오.

① 이 사람은 필요없는 메일을 많이 받습니다. (　　)

② 친구들이 스팸메일을 많이 보내서 불편합니다. (　　)

③ 이메일을 보내기 위해서는 인터넷이 필요합니다. (　　)

④ 우체국에서 사진과 음악 파일을 보낼 수 있습니다. (　　)

1. 이메일을 보내고 싶은 사람이 있습니까?

(1) 다음 빈칸을 완성하십시오.

받는 사람	예) 이희선 (hs-lee@naver.com) ( )
제목	( )
첨부파일	첨부파일: [mp3] 사랑을 했다.mp3

(2) 편지나 이메일을 쓸 때 자주 사용하는 표현을 쓰십시오.

(1)	• 사랑하는 어머니께 • 보고 싶은 친구에게	• _____
(2)	• 오랜만에 연락드립니다. • 날씨가 많이 덥지요? • 벌써 가을이네요.	• _____
(3)	• 그럼 이만 쓸게요. • 건강 조심하시고, 안녕히 계세요. • 다시 연락드리겠습니다.	• _____
(4)	• 상민 올림/드림 • 상민 씀	• _____

새 단어	첨부

2. 친구에게 이메일을 쓰십시오.

〈도움 문법〉	한테(서) / 에게(서) / 께	–(으)ㄴ 적이 있다/없다
	–(으)ㄹ 것/–는 것 같다	–기 위해(서)
	–게 되다	

10과

요리

1. 〈보기〉에서 알맞은 단어를 찾아 쓰십시오.

보기

재료   새벽   각자   부탁   간식

(1) 가: (   )은/는 누가 준비할래요?

　　나: 제가 할게요. 과자랑 음료수를 준비할게요.

(2) 가: 물은 무거우니까 (   ) 가져가는 것이 좋겠지요?

　　나: 네, 모두 한 병씩 가져오세요.

(3) 가: 저는 상민 씨가 바쁠 것 같아서 (   )을/를 하지 못했어요.

　　나: 내일은 안 바빠요. 도와 줄게요.

(4) 가: 김밥 (   )은/는 뭐예요?

　　나: 김, 당근, 햄, 계란, 시금치, 단무지예요.

(5) 아침 7시 비행기니까 (   )에 일어나야 해요.

2. 〈보기〉에서 알맞은 단어를 찾아 쓰십시오.

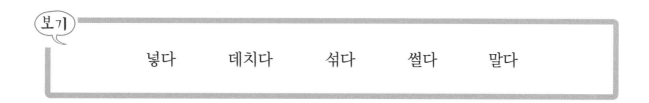

보기

넣다   데치다   섞다   썰다   말다

(1) 당근은 씻은 후에 가늘게 (   )았/었/였습니다.

(2) 시금치는 끓는 물에 (   )아/어/여요.

(3) 국이 싱거우면 소금이나 간장을 조금 (   )(으)세요.

(4) 손으로 둥글게 김밥을 (   )았/었/였습니다.

(5) 밥에 소금과 참기름을 조금 넣고 (   )(으)세요.

새 단어	싱겁다

3. 〈보기〉에서 알맞은 단어를 찾아 문장을 만드십시오.

보기

찌다   굽다   끓이다   삶다

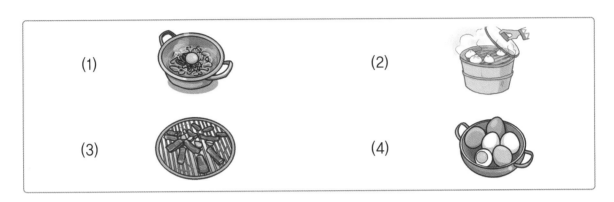

(1)

(2)

(3)

(4)

(1) 라면을 _____

(2) 만두를 _____

(3) 갈비를 _____

(4) 계란을 _____

1. 〈보기〉에서 알맞은 것을 골라 문장을 완성하십시오.

> <보기>
>
> 놀이공원에 가다   빨리 낫다   어머니께서 만든 음식을 먹다
> 오후에 수업을 듣다   시험 문제가 쉽다   집에 가서 쉬다

(1) 주말에 친구들과 <u>놀이공원에 갔으면 좋겠습니다.</u>

(2) 다음 주에 시험이 있습니다. _____

(3) 친구가 감기에 걸렸습니다. _____

(4) 하루 종일 너무 피곤했습니다. _____

(5) 아침에 일어나기가 힘듭니다. _____

(6) 이번 방학에 고향에 가서 _____

2. 대화를 완성하십시오.

(1) 가: 남자친구 / 여자친구 있어요?

나: 아직 없어요. 빨리 _____.

(2) 가: 내일 시험 잘 보세요.

나: 네, 저도 시험을 _____.

(3) 가: 기숙사는 어때요?

나: 저도 아직 못 봤어요. _____.

(4) 가: 생일에 무엇을 받았으면 좋겠어요?

나: _____.

(5) 가: 다음 주에 놀이공원에 가지요?

나: 네, 날씨가 _____.

(6) 가: 가을에 축제가 있는데 어떤 가수가 왔으면 좋겠어요?

나: _____.

1. 〈보기〉에서 알맞은 것을 찾아 '-기로 하다'를 사용하여 문장을 만드십시오.

> 보기
>
> | | | |
> |---|---|---|
> | 날마다 6시간씩 연습하다 | 술을 안 마시다 | 휴가 때 해외여행을 가다 |
> | 방학 때 아르바이트를 하다 | 저금을 많이 하다 | 컴퓨터 게임을 안 하다 |
> | 내년에 다른 팀으로 가다 | 공부를 열심히 하다 | 동료한테 컴퓨터를 배우다 |

(1)
학생

① _____
② _____
③ _____

(2)
운동선수

① _____
② _____
③ _____

(3)
회사원

① _____
② _____
③ _____

새 단어	동료

2. '-기로 하다'를 사용하여 대화를 완성하십시오.

(1) 가: 이번 방학에 뭐 하기로 했어요?

　　나: 친구와 _____

(2) 가: 선생님과 내일 몇 시에 만나기로 했어요?

　　나: _____

(3) 가: 주말에 같이 영화를 볼까요?

　　나: 미안해요. _____

(4) 가: 오늘 저녁에 약속이 있어요?

　　나: 네, _____

(5) 가: 이번 학기가 끝나면 _____ .

　　나: 그래요? 그럼 다음 학기에는 우리 만나지 못하겠네요. 너무 슬퍼요.

1. '-(으)ㄹ까 하다'를 사용하여 대화를 완성하십시오.

(1) 가: 시험이 끝나고 무엇을 할 거예요?

　　나: _____

(2) 가: 언제 고향에 갈 거예요?

　　나: _____

(3) 가: 주말에 뭘 할 거예요?

　　나: _____

(4) 기: 동동 씨 생일 선물로 뭘 살 거예요?

　　나: _____

(5) 가: 점심은 어디에서 먹을 거예요?

　　나: _____

2. 〈보기〉와 같이 '-(으)ㄹ까 하다'를 사용하여 문장을 만드십시오.

　　　이번 방학에는 친구들과 부산으로 <u>여행을 가 볼까 합니다</u>. 부산은 해운대

가 유명하기 때문에 먼저 해운대에 (1) _____. 그리고

생선회를 (2) _____. 호텔은 비싸기 때문에 찜질방에서

(3) _____. 부산에 사는 민수 씨도 (4) _____

_____.

3. '-(으)ㄹ까 하다'를 사용해서 방학 계획을 쓰십시오.

이번 방학에는 _____

_____

_____

_____

_____

_____

새 단어	해운대 찜질방

1. '-(으)ㄹ까 봐'를 사용하여 문장을 완성하십시오.

> 보기
>
> 어렵다   화를 내다   비가 오다   기차를 놓치다   좋아하지 않다

(1) 내일 등산을 가기로 했는데 _____ 걱정이에요.

(2) 내일이 시험인데 _____ 늦게까지 공부했어요.

(3) 아침에 늦게 일어나서 _____ 택시를 탔어요.

(4) 선물을 샀는데 어머니께서 _____ 걱정이에요.

(5) 약속 시간에 늦어서 친구가 _____ 걱정이에요.

1. 〈보기〉와 같이 '-(으)면서 / -(이)면서'를 사용하여 문장을 만드십시오.

> 보기
>
> 커피를 마시다 / 신문을 읽다
> → 커피를 마시면서 신문을 읽고 있어요.

(1) 버스를 기다리다 / 전화를 하다

→ _____

(2) 샤워를 하다 / 노래를 부르다

→ _____

(3) 그 사람은 가수다 / 영화배우다

→ _____

(4) 음악을 듣다 / [   ]

→ _____

(5) 텔레비전을 보다 / [   ]

→ _____

2. '같이 할 수 있는 일'과 '같이 하면 안 되는 일'을 '-(으)면서'를 사용하여 문장을
만드십시오.

보기

음악을 듣다	춤을 추다	공부하다	운전하다
밥을 먹다	담배를 피우다	친구와 이야기하다	전화하다
시험을 보다	수업을 듣다	술을 마시다	샤워하다
노래를 부르다	책을 읽다	영화관에서 영화를 보다	커피를 마시다

〈같이 할 수 있는 일〉

① 운전을 하면서 음악을 들어요.

② _____ .

③ _____ .

④ _____ .

⑤ _____ .

〈같이 하면 안 되는 일〉

① 샤워를 하면서 전화를 하면 안 돼요.

② _____ .

③ _____ .

④ _____ .

⑤ _____ .

1. 다음을 듣고 물음에 답하십시오.

(1) 아사코 씨가 좋아하는 한국 요리는 무엇입니까?

(,   )

(2) 두 사람은 무엇을 만들기로 했습니까?

(   )

(3) 들은 내용과 같으면 O, 다르면 X 하십시오.

① 상민 씨는 김밥을 만들어 봤습니다.   (   )

② 아사코 씨는 한국 음식을 다 좋아합니다.   (   )

③ 아사코 씨가 음식 재료를 준비할 겁니다.   (   )

④ 아사코 씨는 김밥을 여러 번 만들어서 먹었습니다.   (   )

2. 다음을 듣고 물음에 답하십시오.

(1) 이 사람이 만든 음식은 무엇입니까? (   )

① 불고기   ② 김밥   ③ 잡채   ④ 김치찌개

(2) 이 사람이 요리한 순서대로 쓰십시오.

① 볶기	② 헹구기	③ 삶기
④ 재료 씻기	⑤ 썰기	

(→   →   →   → 큰 그릇에 모두 넣고 섞기)

(3) 들은 내용과 같으면 O, 다르면 X 하십시오.

① 다음에는 불고기를 만들까 합니다.   (　　　)

② 당면을 삶기 전에 채소와 고기를 볶았습니다.   (　　　)

③ 이 사람은 인터넷으로 요리 방법을 검색했습니다.   (　　　)

④ 참기름, 설탕, 당면, 쇠고기, 시금치, 당근 등을 샀습니다.   (　　　)

1. 다음을 읽고 물음에 답하십시오.

> 　지난주에 친구들과 삼계탕을 먹으러 갔습니다. 삼계탕은 한국 사람들이 여름에 많이 먹는, 건강에 아주 좋은 음식입니다. 학교 후문 근처의 식당에서 삼계탕을 먹었는데 너무 맛있었습니다. 그래서 식당 아주머니께 삼계탕을 만드는 방법을 물어 봤습니다. 식당 아주머니는 제가 외국인이어서 이해하지 못 할까 봐 종이에 이렇게 써 주셨습니다.
> "재료: 닭, 인삼, 대추, 마늘, 찹쌀, 소금
> 요리 방법: 닭을 씻은 후에 닭 안에 인삼, 대추, 마늘, 찹쌀을 넣고 푹 끓여요. 그리고 소금을 넣어요."
> 　나는 재료를 사서 삼계탕을 만들어 보았습니다. 하지만 '푹 끓여요'를 잘 몰랐습니다. 10분 동안 삼계탕을 끓였는데 맛이 없었습니다. 그러나 재미있었습니다.

(1)　삼계탕은 어떤 음식입니까? (① _____)

　　　　　　　　　　　　　　　　(② _____)

(2)　삼계탕을 만들 때 사용하는 요리 방법은 무엇입니까? (　　　)

　　① 볶기　　　　　　　　　　② 찌기
　　③ 끓이기　　　　　　　　　④ 데치기

(3)　이 사람이 만든 삼계탕은 왜 맛이 없었습니까? (　　　)

　　① 처음 만들어 봐서　　　　② 소금을 넣지 않아서
　　③ 재료를 잘못 넣어서　　　④ 오래 끓이지 않아서

(4) 위 글의 내용과 같으면 O, 다르면 X 하십시오.

① 닭 안에 재료를 넣기 전에 닭을 씻습니다. (　　)

② 식당 아주머니가 잘못 알려주셔서 맛이 없었습니다. (　　)

③ 삼계탕은 시원한 음식이기 때문에 여름에 먹으면 좋습니다. (　　)

④ 이 사람은 요리법을 잘못 이해해서 삼계탕이 맛이 없었습니다. (　　)

1. 고향에서 유명한 음식을 소개하십시오.

2. 여러분이 좋아하는 음식을 소개하십시오.

부록

모범 답안 · 듣기지문

열려라! 한국어 2 워크북 **모범 답안**

제1과

∥어휘(1)(8쪽)∥

1. (1)-ⓒ   (2)-ⓜ
    (3)-ⓔ   (4)-ⓐ, ⓑ
    (5)-ⓒ

2. (1) 계절   (2) 방학
    (3) 여행   (4) 정도
    (5) 기온

3. (1) 유명해서   (2) 돌아올 거예요
    (3) 포장했어요   (4) 막혔어요
    (5) 필요해요

∥어휘(2)(10쪽)∥

1. (1) 겨울 : 춥다, 눈이 내리다
    (2) 여름 : 덥다, 습하다
    (3) 가을 : 시원하다, 쌀쌀하다
    (4) 봄   : 따뜻하다, 건조하다

2. (1) 우산   (2) 일기 예보
    (3) 바람   (4) 장마철
    (5) 최저 기온   (6) 최고 기온

∥문법(1)(12쪽)∥

1. (1) 선생님은요?   (2) 나나 씨는요?

(3) 영어(공부)는요?   (4) 1급(학생들)은요?
(5) 된장찌개는요?

∥문법(2)(13쪽)∥

1. (1)-ⓑ, 늦게 일어나서 수업에 늦었어요.
    (2)-ⓔ, 키가 커서 농구를 잘해요.
    (3)-ⓒ, 날씨가 더워서 선풍기를 켰어요.
    (4)-ⓜ, 열심히 공부해서 100점을 받았어요.
    (5)-ⓐ, 비가 와서 우산을 써요 / 썼어요.

∥문법(3)(15쪽)∥

1. (1) 학생 식당에서 먹으려고 해요.
    (2) 친구하고 영화를 보려고 해요.
    (3) 오후에 하려고 해요.
    (4) 백화점에서 사려고 해요.
    (5) 청소를 하려고 해요.

2. (1) 저는 내일 도서관에서 공부하려고 해요.
    (2) 저는 오후에 요리하려고 해요.
    (3)~(6) 생략

∥문법(4)(17쪽)∥

1. (1) 토요일이나 일요일에 만나요 / 만납시다.
    (2) 도서관이나 커피숍에서 (숙제)해요.
    (3) 놀이공원이나 영화관(극장)에 가요 / 갑시다.
    (4) 김밥이나 라면을 먹을 거예요 / 먹으려고 해요.
    (5) 사과나 딸기를 사요 / 사세요 / 삽시다.
    (6) 바다나 산에 갈 거예요 / 가려고 해요.

문법(5)(18쪽)

1. (1) 즐겁게   (2) 깨끗하게
    (3) 재미있게   (4) 예쁘게
    (5) 맛있게

2. 예) 마이클 씨는 멋있게 생겼어요.
    예) 아사코 씨는 예쁘게 웃어요.
    예) 상민 씨는 항상 크게 이야기해요.
    예) 나나 씨는 귀엽게 생겼어요.

문법(6)(19쪽)

1. (1) 교실에서 기다립시다.
    (2) (그럼) 같이 공부합시다.
    (3) (내일) 오후 6시에 만납시다.
    (4) 먹읍시다.
    (5) 내일 같이 영화를 봅시다.

2. (1) 학교에 책을 (꼭) 가지고 옵시다.
    (2) 숙제를 (꼭) 합시다.
    (3) (시험) 공부를 열심히 합시다.
    (4) 학교에 일찍 옵시다.

문법(7)(21쪽)

1. (1) 선생님의 시계예요.
    (2) 엄마의 (자동)차예요.
    (3) 언니의 사전이에요.
    (4) 할아버지의 넥타이예요.

2. (1) 제   (2) 제
    (3) 누구(의), 제

문법(8)(22쪽)

1. (1)-①   (2)-④
    (3)-②   (4)-③

2. (1) 맑겠습니다.
    (2) 맑겠습니다.
    (3) 흐리겠습니다.
    (4) 흐리겠습니다.
    (5) 비가 오겠
    (6) 눈이 오겠습니다.

듣기(23쪽)

1. (1) ①-축구   ②-수영
       ③-등산   ④-볼링
    (2) 해수욕장   (3) 너무 덥고 습해서

2. (1) ① (O)   ② (X)
       ③ (X)   ④ (X)
       ⑤ (O)

읽기(24쪽)

1. (1) ① 눈을 구경합니다.
       ② 눈사람을 만듭니다.
       ③ 아이스크림을 먹습니다.
    (2) ④
    (3) ① (O)   ② (X)
       ③ (O)   ④ (X)
       ⑤ (X)

제2과

어휘(1)(28쪽)

1. (1) 정류장   (2) 번
    (3) 호선

2. (1) 이틀   (2) 사흘
    (3) 나흘   (4) 열흘
    (5) 하루

3. (1) 막힐

(2) 갈아타세요

(3) 걸려요? / 걸릴

(4) 내리세요

(5) 나가세요.

어휘(2)(30쪽)

1. (1) 버스   (2) 지하철

(3) 자전거   (4) 배

(5) 택시   (6) 기차

문법(1)(31쪽)

1. (1) 9시까지 와야 해요.

(2) 기차를 타야 해요.

(3) 병원에 가야 해요.

(4) 한국 사람과 이야기를 많이 해야 돼요.

(5) 내일 회사에 가야 해요.

문법(2)(32쪽)

1. (1) 민준 씨는 집으로 갔어요.

(2) 지하철로 / 버스로 / 기차로 왔어요.

(3) 왼쪽으로 가세요.

(4) 라면은 젓가락으로 먹어요.

(5) 중국으로 여행을 갈 거예요.

2. (1) 답은 연필로 쓰세요.

(2) 시청역에서 2호선으로 갈아타세요.

(3) 사람들이 밖으로 나가요.

(4) 한국 사람들은 젓가락으로 음식을 먹어요.

(5) 수업 시간에는 한국어로 말하세요.

문법(3)(34쪽)

1. (1) 집에 가서 책을 읽을 거예요.

(2) 아침에 일어나서 세수를 했어요.

(3) 장갑을 사서 친구에게 주려고 해요.

(4) 극장에 가서 / 친구를 만나서 영화를 봤어요.

(5) 친구를 만나서 이야기를 할 거예요.

문법(4)(35쪽)

1. (1) 비가 오는데 내일 만날까요?

(2) 내일 시험이 있는데 도서관에 갈까요?

(3) 길이 막히는데 지하철을 탈까요?

(4) 주말인데 놀이공원에 갈까요?

(5) 더운데 아이스크림을 먹을까요?

문법(5)(36쪽)

1. (1) 수업은 오전 아홉 시부터 오후 한 시까지

(2) 점심시간은 오후 한 시부터 오후 두 시까지

(3) 은행은 오전 아홉 시부터 오후 네 시까지

(4) 기숙사는 오후 열한 시 반부터 오전 다섯 시까지

(5) 방학은 팔월 일일부터 팔월 삼십일일까지

2. (1) 가: 집에서 병원까지 얼마나 걸려요?

나: 집에서 병원까지 버스로 삼십 분 걸려요.

(2) 가: 집에서 백화점까지 얼마나 걸려요?

나: 집에서 백화점까지 지하철로 십 분 걸려요.

(3) 가: 학교에서 서울까지 얼마나 걸려요?

나: 학교에서 서울까지 기차로 두 시간 걸려요.

(4) 가: 회사에서 집까지 얼마나 걸려요?

나: 회사에서 집까지 택시로 이십 분쯤 걸려요.

(5) 가: 한국에서 고향까지 얼마나 걸려요?

나: 한국에서 고향까지 비행기로 네 시간 삼십 분 걸려요.

▌문법(6)(38쪽)▐

1. (1) 내일 시험이 있으니까 도서관에서 공부하세요.
  (2) 날씨가 더우니까 아이스크림을 먹읍시다.
  (3) 수업시간에 늦었으니까 택시를 타세요.
  (4) 이 옷이 예쁘니까 이 옷을 사세요.
  (5) 방이 더러우니까 청소를 하세요.

2. (1) 배가 고프니까 식당에 가서 밥을 먹읍시다.
  (2) 길이 많이 막히니까 지하철을 탑시다.
  (3) 바람이 부니까 창문을 닫읍시다.
  (4) 날씨가 추우니까 옷을 많이 입읍시다.
  (5) 여기는 도서관이니까 작게 이야기하세요.

▌문법(7)(40쪽)▐

1. (1) 동생 졸업식에 동생한테 시계를 사 주고 싶습니다.
  (2) 크리스마스에 남자친구 / 여자친구에게 장갑을 사주었어요.
  (3) 반 친구 생일에 친구에게 책을 사 줄 거예요.
  (4) 점심시간에 선생님께 커피를 드렸어요.
  (5) 아침에 할아버지께 신문을 드렸어요.
  (6) 어머니 생신에 어머니께 화장품을 사드리고 싶습니다.

2. (1) 한테   (2) 께 / 께
  (3) 에 / 에   (4) 에(는) / 에(는)
  (5) 에서

▌문법(8)(42쪽)▐

1. (1) 사진을 찍지 마세요.
  (2) 이야기를 하지 마세요.
  (3) 수영을 하지 마세요.
  (4) 전화를 하지 마세요.
  (5) 자전거를 타지 마세요.
  (6) 담배를 피우지 마세요.

2. (1)-① 기숙사에서 담배를 피우지 마세요.
  ② 기숙사에서 술을 마시지 마세요.
  ③ 기숙사에서 크게 이야기하지 마세요.
  (2)-① 영화관에서 크게 이야기하지 마세요.
  ② 영화관에서 햄버거를 먹지 마세요.
  ③ 영화관에서 전화를 하지 마세요.
  (3)-① 도서관에서 음악을 크게 듣지 마세요.
  ② 도서관에서 크게 이야기하지 마세요.
  ③ 도서관에서 전화를 하지 마세요.
  (4)-① 비행기 안에서 크게 이야기하지 마세요.
  ② 비행기 안에서 음악을 크게 듣지 마세요.
  ③ 비행기 안에서 담배를 피우지 마세요.

▌듣기(44쪽)▐

1. (1) ① 1   ② 3
  (2) ① (X)   ② (X)
  ③ (O)   ④ (O)

2. (1) 친구들과 놀이공원에 갔습니다.
  (2) ① 버스로 갔습니다.
  ② 지하철로 갔습니다.
  ③ 걸어서 갔습니다.
  ④ 2시간 걸렸습니다.
  ⑤ 5분쯤 걸렸습니다.
  ⑥ 10분 걸렸습니다.
  (3) ① (X)   ② (O)
  ③ (O)   ④ (X)
  ⑤ (X)

▌읽기(46쪽)▐

1. (1) ① 서울대입구   ② 안국
  ③ 을지로3가
  (2) (O)   ② (X)

제3과

어휘(1)(50쪽)

1. (1) 축구를 하다　(2) 농구를 하다
(3) 테니스를 치다　(4) 자전거를 타다
(5) 탁구를 치다　(6) 스키를 타다
(7) 수영을 하다　(8) 골프를 치다
(9) 요가를 하다　(10) 당구를 치다
(11) 태권도를 하다　(12) 스케이트를 타다
(13) 야구를 하다　(14) 줄넘기를 하다
(15) 조깅을 하다　(16) 스노보드를 타다

2. (1) 계단　(2) 체육관
(3) 대부분　(4) 경기
(5) 가끔

어휘(2)(52쪽)

1. (1) 다쳐서　(2) 넘어져서
(3) 이겨서, 지　(4) 응원할

2. (1) 운동화
(2) 수영복, 물안경
(3) 선수

문법(1)(54쪽)

1. (1) 저는 일요일마다 친구들을 만나요.
(2) 제 동생은 아침마다 빵과 바나나를 먹어요.
(3) 저는 겨울마다 스키를 타러 가요.
(4) 상민 씨는 날마다 학교에 늦게 와요.
(5) 학교버스는 10분마다 출발해요.

2. (1) 아침마다 조깅을 할 거예요.
(2) 방학 때마다 여행을 할 거예요.
(3) 주말마다 부모님께 전화를 할 거예요.

문법(2)(55쪽)

1. (1)-ⓒ, 농구 선수처럼 키가 커요.
(2)-ⓔ, 가수처럼 노래를 잘해요.
(3)-ⓐ, 우리 엄마처럼 요리를 잘해요.
(4)-ⓑ, 새처럼 날고 싶어요.
(5)-ⓓ, 인형처럼 예쁘게 생겼어요.

2. (1) 수영 선수　(2) 선생님
(3) 코미디언　(4) 영화배우
(5) 아기

3. (1) 가수처럼 노래를 잘해요.
(2) 고양이처럼 귀여워요.
(3) 요리사처럼 요리를 잘해요.
(4) 친구는 꽃처럼 예뻐요.

4. (1) 우리 반 선생님처럼 친절하고 예뻐요.
(2) 영화배우처럼 멋있고 잘생겼어요.
(3) 한국 사람처럼 한국어를 잘해요.
(4) 가수처럼 노래를 잘해요.

문법(3)(57쪽)

1. (1) ⓑ, 공부하러 한국에 왔어요.
(2) ⓐ, 손을 씻으러 화장실에 갔어요.
　/ 가요 / 갈 거예요.
(3) ⓒ, 밥을 먹으러 학생 식당에 갔어요.
　/ 가요 / 갈 거예요.
(4) ⓔ, 산책을 하러 공원에 갔어요.
　/ 가요 / 갈 거예요.
(5) ⓓ, 책을 사러 서점에 왔어요.

2. (1) 부모님 선물을 사러 갔어요.
(2) 친구를 만나러 가요.
(3) 농구를 하러 왔어요.
(4) 친구에게 책을 빌리러 갔어요.
(5) 친구들하고 명동에 쇼핑하러 갈 거예요.

문법(4)(59쪽)

1. (1) 정아 씨는 노래를 부르고/하고 있어요.
    (2) 아사코 씨는 춤을 추고 있어요.
    (3) 카잉 씨는 이야기를 하고 있어요.
    (4) 솔롱고 씨는 빵을 먹고 있어요.
    (5) 마이클 씨는 자고 있어요.

2. (1) 청소하고 있어요.
    (2) 친구를 만나고 있었어요.
    (3) 샤워하고 있었어요.
    (4) (아마) 자고 있을 거예요.
    (5) (아마) 도서관에서 공부하고 있을 거예요.

문법(5)(61쪽)

1. (1) 만날 수 없어요.
    (2) 갈 수 있어요.
    (3) 만들 수 없어요 / 만들어 줄 수 없어요
    (4) 다 먹을 수 없어요
    (5) 생략

2. (1) 나는 수영을 할 수 있지만 친구는 수영을 할
    수 없어요.
    (2)~(5) 생략

문법(6)(63쪽)

1. ① 포도만 먹어요 / 먹을 수 있어요.
    ② 주스만 마셔요 / 마실 수 있어요.
    ③ 바지만 입어요 / 좋아해요.
    ④ 어머니만 운전하세요 / 운전하실 수 있어요.
    ⑤ 수영만 할 수 있어요 / 좋아해요.

2. (1) 도서관에서만 공부해요.
    (2) 나나 씨하고만 갔어요.
    (3) 휴게실에만 있어요.
    (4) 볼펜으로만 써야 해요.
    (5) 아사코 씨한테만 줬어요.

문법(7)(65쪽)

1. (1) 젓다, 저어서, 젓고, 저었어요
    (2) 긋다, 그어서, 긋고, 그었어요
    (3) 붓다, 부어서, 붓고, 부었어요
    (4) 짓다, 지어서, 짓고, 지었어요
    (5) 낫다, 나아서, 낫고, 나았어요
    (6) 웃다, 웃어서, 웃고, 웃었어요

2. (1) 부었어요   (2) 지었어요
    (3) 빗어요   (4) 나아서
    (5) 씻으러

문법(8)(67쪽)

1. (1) 점심 때   (2) 시험 때
    (3) 학생 때   (4) 방학 때

2. (1) 잘 때   (2) 피곤할 때
    (3) 볼 때   (4) 받았을 때
    (5) 힘들 때

듣기(68쪽)

1. (1) ① 축구   ② 시험 공부
    (2) ① (X)   ② (X)
    ③ (O)   ④ (O)

2. (1)

누나	나
체육관	운동장
요가, 헬스	야구, 축구

    (2) ① (X)
    ② (O)
    ③ (X)
    (3) ②

읽기(70쪽)

1. (1) 농구, 테니스

(2) ④

(3) ① (X)　　　　② (O)

　　③ (X)　　　　④ (X)

제4과

어휘(1)(74쪽)

1. (1) 취미　　　　　(2) 낚시, 낚시

(3) 음악, 음악　　(4) 독서

(5) 그림, 그림

2. (1) 시간이 있으면　(2) 치, 들어요.

(3) 빌리러　　　　(4) 상영하고 있어요.

(5) 다양해요.

어휘(2)(76쪽)

1. (1) 제 취미는 낚시입니다. 저는 낚시를 좋아해요.

(2) 제 취미는 여행입니다. 저는 여행을 좋아해요.

(3) 제 취미는 독서입니다. 저는 독서를 좋아해요.

(4) 제 취미는 요리입니다. 저는 요리를 좋아해요.

(5) 제 취미는 사진입니다. 저는 사진을 좋아해요.

(6) 제 취미는 음악 감상입니다. 저는 음악을 좋아
해요.

문법(1)(77쪽)

1. (1) 돈이 있으면 컴퓨터를 살 거예요.

(2) 비가 오면 나가지 않을 거예요.

(3) 버스가 안 오면 택시를 탈 거예요.

(4) 시험이 끝나면 친구를 만날 거예요.

(5) 몸이 아프면 집에서 쉴 거예요.

2. (1) 비가 오면 다음에 가세요.

(2) 감기에 걸렸으면 약을 먹고 쉬세요.

(3) 버스가 안 오면 택시를 타세요.

(4) 날씨가 너무 추우면 옷을 따뜻하게 입으세요.

(5) 한국어를 더 잘하고 싶으면 한국 친구와 자
주 이야기하세요.

문법(2)(79쪽)

1. 예) 화요일에는 공부를 하거나 음악을 들어요.

예) 수요일에는 책을 읽거나 텔레비전을 봐요.

예) 목요일에는 산책을 하거나 운동을 해요.

예) 금요일에는 친구를 만나거나 쇼핑을 해요.

예) 주말에는 빨래를 하거나 요리를 해요.

2. (1) 영화를 보거나 게임을 할 거예요.

(2) 친구를 만나거나 공부를 할 거예요.

(3) 병원에 가거나 약을 먹어야 해요.

(4) 운동을 하거나 책을 읽어요.

(5) 고향에 가거나 아르바이트를 할 거예요.

문법(3)(81쪽)

1. (1) 공부를 많이 못 했어요.

(2) 못 봤어요.

(3) 못 잤어요.

(4) 못 가요.

(5) 못 샀어요.

2. 생략

3. (1) 공부를 많이 하지 못했어요.

(2) 그 영화를 보지 못했어요.

(3) 어제 잘 자지 못했어요.

(4) 오늘 학교에 가지 못해요.

(5) 친구 선물을 사지 못했어요.

4. 생략

문법(4)(85쪽)

1. (1) 볼래요?   (2) 할래요?
   (3) 만날래요?   (4) 탈래요?
   (5) 칠래요?

2. (1) 날씨가 좋은데 공원에서 산책할래요?
   (2) 날씨가 더운데 아이스크림을 먹을래요?
   (3) 내일이 시험인데 도서관에 갈래요?
   (4) 여기는 시끄러운데 밖으로 나갈래요?
   (5) 주말인데 영화를 볼래요?

문법(5)(87쪽)

1. (1) 받았어요.   (2) 닫읍시다.
   (3) 믿어요.   (4) 물어 봅시다.
   (5) 들어요   (6) 걸어서 가요.(걸어요)

2. (1) 닫아요.
   (2) 받았어요, 받았어요.
   (3) 물어 보세요.
   (4) 믿지 마세요.
   (5) 걸어요.

문법(6)(89쪽)

1. (1) 한국어를 배우려고 한국에 왔어요.
   (2) 책을 사려고 돈을 찾아요.
   (3) 여자친구에게 주려고 케이크를 만들어요.
   (4) 제주도에 가려고 아르바이트를 해요.
   (5) 시험 시간을 물으려고 친구에게 전화했어요.

2. (1) 책을 사려고 돈을 빌렸어요.
   (2) 한국에서 일하려고 한국어를 공부해요.
   (3) 빨리 가려고 KTX를 탔어요.
   (4) 숙제를 물어 보려고 전화했어요.

   (5) 어머니 생신이어서 어머니께 드리려고 샀어요.

듣기(91쪽)

1. (1) ① (O)   ② (X)
   ③ (X)   ④ (X)
   ⑤ (O)

2. (1) ④   (2) 시험이 있어서
   (3) 불고기, 맵지 않아서   (4) ④

읽기(92쪽)

1. (1) ③
   (2) ① (X)   ② (O)   ③ (X)
   ④ (X)   ⑤ (X)   ⑥ (X)

제5과

어휘(1)(98쪽)

1. (1) 전통   (2) 요즘
   (3) 수도   (4) 관광객

2. (1) 외워야   (2) 결석해서
   (3) 지각했어요   (4) 복습해요
   (5) 떠들

3. (1) ㄴ   (2) ㄷ
   (3) ㄱ   (4) ㄹ

4. (1) 여행지   (2) 2박 3일
   (3) 예매   (4) 예약
   (5) 휴가철

1. (1) 가 : 마이클 씨, 프랑스어를 배워 봤어요?
　　　　나 : 아니요, 안 배워 봤어요.
　　(2) 가 : 마이클 씨, 한국 음식을 만들어 봤어요?
　　　　나 : 네, 만들어 봤어요.
　　(3) 가 : 마이클 씨, 혼자 여행을 가 봤어요?
　　　　나 : 아니요, 안 가 봤어요.
　　(4) 생략

2. (1) 학교 앞 대성 식당에 가 보세요. 그 식당 떡
　　　　볶이가 정말 매워요.
　　(2) 부산에 가 보세요. 바다가 아주 아름다워요.
　　(3) 라디오를 자주 들어 보세요. 그러면 한국어
　　　　를 잘 할 수 있어요.
　　(4) 친구들을 만나서 이야기를 해 보세요. 그러
　　　　면 스트레스를 풀 수 있을 거예요.
　　(5) 음식을 조금만 먹고, 운동을 해 보세요. 그
　　　　러면 살을 뺄 수 있을 거예요.

1. (1) 비싼 시계, 아버지께서 비싼 시계를 저에게
　　　　주셨어요.
　　(2) 작은 사람, 우리 반에서 가장 작은 사람은
　　　　아사코 씨예요.
　　(3) 시끄러운 곳, 학교에서 가장 시끄러운 곳은
　　　　식당이예요.
　　(4) 조용한 친구, 우리 반에서 가장 조용한 친
　　　　구는 나나 씨예요.
　　(5) 유명한 음식, 한국에서 가장 유명한 음식은
　　　　비빔밥이에요.
　　(6) 편리한 지하철, 한국은 편리한 지하철이 있
　　　　습니다.
　　(7) 맑은 하늘, 가을에는 맑은 하늘을 볼 수 있
　　　　을 거예요.
　　(8) 좋은 곳, 도서관은 공부도 할 수 있고 영화
　　　　도 볼 수 있는 좋은 곳입니다.

　　(9) 빠른 기차, KTX는 한국에서 제일 빠른 기차
　　　　입니다.
　　(10) 뜨거운 커피, 날씨가 추워서 뜨거운 커피를
　　　　마셨습니다.

1. (1) 예) 중국 베이징, 만리장성, 동동 씨 고향은
　　　　만리장성으로 유명해요.
　　(2) 예) 일본 오사카, 맛있는 음식, 나나 씨 고향
　　　　은 맛있는 음식으로 유명해요.
　　(3) 예) 한국 전주, 비빔밥, 민수 씨 고향은 비빔
　　　　밥으로 유명해요.
　　(4) 예) 이태리 로마, 바티칸, 니콜라이 씨 고향
　　　　은 바티칸으로 유명해요.
　　(5) 예) 호주 시드니, 오페라 하우스, 주디 씨 고
　　　　향은 오페라 하우스로 유명해요.

2. (1)-ⓒ, 교통사고로 많은 사람들이 다쳤어요.
　　(2)-ⓛ, 버스를 잘못 탔어요.
　　(3)-ⓐ, 학교에 못 갔어요.
　　(4)-ⓜ, 사무실에 갔어요.
　　(5)-ⓔ, 등산을 가지 못했어요.

1. (1) ① 가족에 관하여 알고 싶어요.
　　　② 고향에 관하여 알고 싶어요.
　　(2) ① 나나 씨는 한국 음악에 관해 잘 몰라요.
　　　② 동동 씨는 게임에 관해 잘 알아요.
　　(3) ① 아사코 씨는 한국 문화에 관해 관심이 있
　　　　어요.
　　　② 솔롱고 씨는 한국 영화에 관해 관심이 있
　　　　어요.

1. (1) 공부할게요, 선생님! 한국어를 열심히 공부
　　　　할게요.

226

(2) 잘 볼게요, 아빠! 이번 시험은 꼭 잘 볼게요.

(3) 들을게요, 선생님! 수업 시간에 선생님 말씀을 잘 들을게요.

(4) 도울게요 / 도와줄게요, 솔롱고 씨! 힘든 일이 있을 때 제가 꼭 도와줄게요.

(5) 믿을게요, 형! 형 말은 모두 믿을게요.

2. 예) 사랑하는 부모님께. 한국에서 열심히 한국어를 공부할게요. 돈을 아껴서 쓸게요 / 돈을 많이 쓰지 않을게요. 일찍 자고 일찍 일어날게요. 제 방 청소를 잘할게요. 컴퓨터 게임을 많이 하지 않을게요.

▍문법(6)(107쪽)▍

1.

예쁘다	무겁다	멋있다	먹다	가다
예쁘군요	**무겁군요**	**멋있군요**	먹는군요	**가는군요**
작다	맛있다	빠르다	살다	짓다
작군요	**맛있군요**	**빠르군요**	**사는군요**	**짓는군요**
만들다	공부하다	먹었다	갔다	힘들었다
만드는군요	**공부하는군요**	먹었군요	**갔군요**	**힘들었군요**

2. (1) 많군요 / 대단하군요 / 강아지를 좋아하는군요.

(2) 너무 일찍 자는군요 / 일찍 일어나겠군요.

(3) 운동을 많이 했군요 / 요즘 다이어트를 하는군요 / 피곤하겠군요.

(4) 예쁘군요 / 멋있군요 / 잘 어울리는군요.

(5) 맛있군요 / 요리를 잘하는군요 / 괜찮군요.

▍문법(7)(108쪽)▍

1. (1) 정말 멋있어요, 우리 아버지는 정말 멋있어요. 영화배우 같아요.

(2) 키가 크세요, 우리 어머니는 키가 크세요. 농구선수 같아요.

(3) 너무 더워요, 오늘은 너무 더워요. 여름 같아요.

(4) 나나 씨, 정말 귀여워요, 나나 씨는 정말 귀여워요. 아기 같아요.

2. 생략

▍문법(8)(109쪽)▍

1. (1) 방학이라(서)   (2) 휴가라(서)

(3) 처음이라(서)   (4) 학생이라(서)

(5) 마지막이라(서)

2. (1)-ⓒ, 주말이라서 집에서 쉬었어요.

(2)-ⓔ, 어린이라서 그 영화를 볼 수 없어요.

(3)-ⓐ, 출근 시간이라서 길이 막혀요.

(4)-ⓑ, 방학이라서 도서관에 사람이 없어요.

(5)-ⓓ, 점심 시간이라서 식당에 사람이 많아요.

3. (1) 예) 한국어를 잘 못해요.
길을 잘 찾을 수 없어요.

(2) 예) 세일 기간이라서 물건 값이 싸요.
세일 기간이라서 백화점에 갔어요.

(3) 예) 회사원이라서 일이 많아요.
회사원이라서 항상 바빠요.

(4) 예) 생일이라서 친구들과 생일 파티를 했어요.
생일이라 선물을 많이 받아서 행복해요.

(5) 예) 시험 기간이라서 도서관에 사람이 많아요.
시험 기간이라 시간이 없어요.

▍듣기(112쪽)▍

1. (1) ②

(2) 아사코 : 가족
솔롱고 : 남자 친구

(3) 민속 마을, 제주도 사람들의 생활 모습도 볼 수 있어서 좋았어요,

(4) ① (X)   ② (O)   ③ (X)   ④ (O)

2. (1) ① (ㄷ) ② (ㄹ) ③ (ㄱ) ④ (ㄴ)

(2) ③

(3) ① (X) ② (O) ③ (X)

▌읽기(114쪽)▌

1. (1) ②

(2) ③

(3) ① (O) ② (X)

③ (X) ④ (O)

제6과

▌어휘(1)(120쪽)▌

1. (1) 회의 (2) 이어폰

(3) 유학 (4) 관심

(5) 정장

2. (1) 멘 (2) 맨

(3) 입은 (4) 든

(5) 쓴

▌어휘(2)(122쪽)▌

1. (1) 이 사람은 안나 씨예요. 러시아 사람이에요.

23살이고, 학생이에요.

모자를 쓰고, 배낭을 멨어요.

부츠도 신었어요.

안나 씨는 독서를 좋아해요.

(2) 이 사람은 이붕 씨예요. 중국 사람이에요.

25살이고, 회사원이에요.

정장을 입고, 가방을 들었어요.

넥타이도 맸어요.

이붕 씨는 낚시를 좋아해요.

▌문법(1), (2)(123쪽)▌

1. (1) 어제 배운 문법이 어려웠어요.

(2) 나나 씨가 입은 치마가 예뻐요.

(3) 어제 들은 음악이 좋았어요.

(4) 요즘 상영하는 영화가 재미있어요.

(5) 수업이 끝나는 시간은 몇 시예요?

2. (1) 보낸

(2) 받은

(3) 운동하는

(4) 온

(5) 자는

(6) 파티에서 춤추는

3. (1) 온 (2) 찍는

(3) 보는 (4) 공부하는

(5) 좋아하는 (6) 만든

▌문법(3)(126쪽)▌

1. (1) 맛있겠어요.

(2) 피곤하겠어요.

(3) 좋은 성적을 받겠어요.

(4) 비가 오겠어요.

(5) 아프겠어요.

2. (1) 힘들겠어요.

(2) 편하겠어요.

(3) 늦게 자겠어요.

(4) 배고프겠어요.

(5) 맛있겠

(6) 비싸겠어요.

▌문법(4)(129쪽)▌

1. (1) 빨간 / 어때요? / 빨간 사과가 맛있어요.

(2) 파란 / 파란 하늘을 보면 고향에 가고 싶어요.

(3) 떡볶이는 빨간색이에요. 아주 매워요.

(4) 어제 까만 정장을 입었어요.

(5) 저는 노란색 옷을 좋아해요.

2. (1) 노란   (2) 좋은

(3) 놓아요?   (4) 어때요?

(5) 그런   (6) 그래요?

▌문법(5), (6)(131쪽)▌

1. (1) 밥을 먹은 후에 약을 먹습니다. / 약을 먹기 전에 밥을 먹습니다.

(2) 샤워를 한 후에 이를 닦습니다. / 이를 닦기 전에 샤워를 합니다.

(3) 비행기 표를 예매한 후에 호텔을 예약합니다. / 호텔을 예약하기 전에 비행기 표를 예매합니다.

(4) 창문을 연 후에 청소를 합니다. / 청소를 하기 전에 창문을 엽니다.

(5) 수업을 들은 후에 숙제를 합니다. / 숙제를 하기 전에 수업을 듣습니다.

2. 생략

예) 밥을 먹은 후에 학교에 갑니다.

학교에서 수업하기 전에 커피를 마십니다.

▌듣기(133쪽)▌

1. (1) ① 안나 ② 스티브 ③ 스티브 씨의 부인

④ 안나 ⑤ 스티브 ⑥ 스티브 씨의 부인

(2) ① (O)   ② (X)

③ (X)   ④ (X)

2. (1) 솔롱고 씨의 생일 파티

(2) ① 동동 – 지갑   ② 마이클 – 책

③ 상민 – 준비하지 못했습니다.

④ 아사코 – 케이크

(3) ① (O)   ② (X)

③ (O)   ④ (X)

⑤ (X)   ⑥ (X)

▌읽기(135쪽)▌

1. (1) ① (O)

② (O)

③ (X)

④ (X)

(2) ①

(3) 생략

제7과

▌어휘(1)(140쪽)▌

1. (1) 열이 나다   (2) 주사를 맞다

(3) 연고를 바르다   (4) 기침을 하다

(5) 진찰하다   (6) 콧물이 나다

(7) 멍이 들다   (8) 밴드를 붙이다

(9) 처방전을 내다

2. (1) 처방전   (2) 유행

(3) 하루 종일   (4) 푹

(5) 배탈

▌어휘(2)(142쪽)▌

1.

(1) 눈썹	(6) 눈	(11) 배	(16) 발가락	(21) 팔
(2) 귀	(7) 코	(12) 손	(17) 머리	(22) 다리
(3) 입	(8) 이	(13) 손가락	(18) 목	
(4) 입술	(9) 얼굴	(14) 무릎	(19) 어깨	
(5) 이마	(10) 가슴	(15) 발	(20) 등	

2. (1) ㄴ   (2) ㄱ   (3) ㄷ

3. (1) 진통제   (2) 내과

    (3) 치과   (4) 안과

▌문법(1)(144쪽)▐

1.

예쁘다	무겁다	멋있다	크다	작다	빠르다
예쁜데	무거운데	멋있는데	큰데	작은데	빠른데
먹다	가다	살다	짓다	만들다	공부하다
먹는데	가는데	사는데	짓는데	만드는데	공부하는데
먹었다	갔다	학생이다	가수다	학생이었다	가수였다
먹었는데	갔는데	학생인데	가순데	학생이었는데	가수였는데

2. (1) 중학교는 방학을 했는데, 고등학교는 아직 방학을 안 했어요.

    (2) 정아 씨는 대학생인데 정아 씨 오빠는 회사원이에요.

    (3) 우리 교실은 좁은데 옆 반 교실은 넓어요.

3. (1) 싸다, 미국으로 가는 비행기 표는 비싼데 일본으로 가는 비행기 표는 싸요.

    (2) 어렵다, 중국어는 어려운데 한국어는 쉬워요.

    (3) 조금 먹다, 오빠는 많이 먹는데 언니는 조금 먹어요.

    (4) 멀다, 천안은 가까운데 부산은 멀어요.

    (5) 맛있다 / 맛없다, 엄마가 하신 음식은 맛있는데 내가 한 음식은 맛없어요.

▌문법(2)(146쪽)▐

1. (1) 1) 네, 여기서 사진을 찍어도 돼요.

       2) 아니요, 여기서 사진을 찍으면 안 돼요.

    (2) 1) 네, 지금 창문을 열어도 돼요.

       2) 아니요, 창문을 열면 안 돼요.

    (3) 1) 네, 여기 앉아도 돼요.

       2) 아니요, 여기 앉으면 안 돼요.

    (4) 1) 네, 입어 봐도 돼요.

       2) 아니요, 입어 보면 안 돼요.

    (5) 1) 네, 전화해도 돼요.

       2) 아니요, 전화하면 안 돼요.

2. (1) 가 : 담배를 피워도 돼요?

      나 : 담배를 피우면 안 돼요.

    (2) 가 : 떠들어도 돼요?

      나 : 떠들면 안 돼요.

    (3) 가 : 사진을 찍어도 돼요?

      나 : 사진을 찍어도 돼요.

    (4) 가 : 이야기해도 돼요?

      나 : 이야기해도 돼요.

    (5) 가 : 과자를 줘도 돼요?

      나 : 과자를 주면 안 돼요.

3. (1) 전화를 해도 돼요.

    (2) 밖에 나가도 돼요.

    (3) 간식을 먹어도 돼요.

    (4) 화장실에 가도 돼요.

    (5) 음악을 들어도 돼요.

4. 예) 우리나라에서는 어른 앞에서 담배를 피우면 안 됩니다.

▌문법(3)(149쪽)▐

1. (1) 볼   (2) 먹을

    (3) 마실   (4) 할

    (5) 입을   (6) 쓸

2. (1)-㉠, 가 : 내일 만날 친구가 누구예요?

            나 : 내일 만날 친구는 카잉 씨예요.

    (2)-㉡, 가 : 이번 축제에서 부를 노래가 뭐예요?

            나 : 이번 축제에서 부를 노래는 사랑 비예요.

    (3)-㉣, 가 : 파티에서 만들 음식이 뭐예요?

            나 : 파티에서 만들 음식은 불고기예요.

    (4)-㉢, 가 : 주말에 입을 옷이 뭐예요?

            나 : 주말에 입을 옷은 이 원피스예요.

(5)-ⓜ, 가 : 오후에 같이 들을 음악이 뭐예요?

　　　　　나 : 오후에 같이 들을 음악은 피아노
　　　　　　　 연주곡이에요.

▌문법(4)(150쪽)▌

1. (1)-ⓛ, 이 약을 하루에 두 봉씩 드세요.

　　(2)-㉠, 주말에는 책을 한 권씩 읽어요.

　　(3)-ⓡ, 저는 하루에 운동을 삼십 분씩 해요.

　　(4)-ⓒ, 친구와 일주일에 한 편씩 영화를 봐요.

　　(5)-ⓜ, 그 사람은 노래방에 가면 노래를 세 곡
　　　　　 씩 불러요.

2. (1) 한 사람에게 두 권씩 주면 돼요.

　　(2) 한 사람이 네 송이씩 받을 수 있어요.

　　(3) 한 명이 육천 원씩 내야 해요.

　　(4) 하루에 두 개씩 배워야 해요.

　　(5) 하루에 세 봉씩 먹어야 해요.

▌문법(5)(152쪽)▌

1. (1) 양말을 다섯 켤레나 샀어요.

　　(2) 그 사람은 부자라서 자동차가 세 대나 있어요.

　　(3) 배가 고파서 밥을 세 그릇이나 먹었어요.

　　(4) 맥주를 열 병이나 마셨어요.

　　(5) 남자친구한테서 장미꽃을 백 송이나 받았어요.

　　(6) 우리 집에는 강아지가 일곱 마리나 있어요.

　　(7) 하루에 책을 네 권이나 읽었어요.

　　(8) 볼펜을 다섯 자루나 잃어버렸어요.

2. (1) 세 그릇이나

　　(2) 100송이나 샀어요? 비싸겠군요!

　　(3) 가 : 다이어트를 하려고 운동을 4시간 했
　　　　　 어요.

　　　　나 : (운동을) 4시간이나 했어요? 정말 피곤
　　　　　 하겠군요!

　　(4) 가 : 저는 외국어를 3개 할 수 있어요.

　　　　나 : (외국어를) 3개나 할 수 있어요? 정말

대단하군요!

　　(5) 가 : 친구하고 주말에 영화를 4편 봤어요.

　　　　나 : (영화를) 4편이나 봤어요? 영화 보는
　　　　　 것을 좋아하는군요.

▌문법(6)(154쪽)▌

1. (1) 부르다, 불러서 / 부르고 / 불렀어요

　　(2) 바르다, 발라서 / 바르고 / 발랐어요

　　(3) 자르다, 잘라서 / 자르고 / 잘랐어요

　　(4) 흐르다, 흘러서 / 흐르고 / 흘렀어요

　　(5) 오르다, 올라서 / 오르고 / 올랐어요

2. (1) 달라요　　　　　(2) 게을러요

　　(3) 몰라요　　　　　(4) 빨라요

　　(5) 골랐어요

▌문법(7)(156쪽)▌

1. (1) 저는 우유밖에 안 마셔요 / 못 마셔요.

　　(2) 저는 청바지밖에 안 입어요.

　　(3) 가방에 지갑밖에 없어요.

　　(4) 우리 기숙사에는 외국인밖에 없어요.

　　(5) 마이클 씨는 농구밖에 못해요.

　　　 / 마이클 씨는 농구밖에 잘 못해요.

2. (1) ① 한국 돈만 가지고 있어요.

　　　 ② 가지고 있는 돈이 한국 돈밖에 없어요.

　　(2) ① 김치찌개만 만들 수 있어요.

　　　 ② 만들 수 있는 한국 음식이 김치찌개밖에
　　　　 없어요.

　　(3) ① 화요일(에)만 만날 수 있어요.

　　　 ② 만날 수 있는 시간이 화요일밖에 없어요.

　　(4) ① 서울(에)만 가 봤어요.

　　　 ② 한국에서 가 본 곳이 서울밖에 없어요.

　　(5) ① 불고기만 먹을 수 있어요.

　　　 ② 먹을 수 있는 한국 음식이 불고기밖에 없
　　　　 어요.

1. (1) ②

(2) ① (O)   ② (O)

　　③ (X)   ④ (O)

　　⑤ (O)

2. (1) 만화책

(2) 동동 씨의 친구가 어제 넘어져서 팔을
　　다쳤어요.

(3) ① (X)   ② (X)

　　③ (O)   ④ (O)

읽기(159쪽)

1. (1) ②

(2) ①

(3) ① (X)   ② (O)   ③ (X)

제8과

어휘(1)(164쪽)

1. (1) 외국인등록증   (2) 신청서

(3) 체크 카드   (4) 신분증

(5) 비자

2. (1) 부쳤어요.   (2) 올리세요.

(3) 찾으러   (4) 저금해요.

(5) 예매했어요.

어휘(2)(166쪽)

1. (1) 번호표를 뽑습니다.

(2) 신청서를 작성합니다.

(3) 현금지급기를 이용합니다.

(4) 돈을 찾습니다.

2. 1) 이상해요   2) 급하시면

3) 불편했는데   4) 편리해요

5) 힘들 거예요

문법(1)(168쪽)

1. (1) 시간이 없는데요.

(2) 있는데요.

(3) 길이 막히는데요.

(4) 약속이 있는데요.

(5) 서점에 가는데요.

2. (1) ① 네, 그런데요.   ② 카잉인데요.

(2) ① 맞는데요.   ② 없는데요.

(3) 아닌데요.

(4) 누구신데요?

문법(2)(170쪽)

1. (1) 열심히 공부하면 돼요.

(2) 9시까지 가면 돼요.

(3) 한국 드라마를 많이 보면 돼요.

(4) 여기에서 지하철을 타면 돼요.

(5) 잘 먹고 푹 쉬면 돼요.

2. (1) 따뜻한 우유를 한 잔 마시면 돼요.

(2) 한국어를 많이 듣고 한국 드라마나 영화를
　　많이 보면 돼요.

(3) 커피를 마시거나 세수를 하면 돼요.

(4) 밥을 조금 먹고 운동을 하면 돼요.

(5) 인터넷으로 신청하면 돼요.

문법(3)(172쪽)

1. (1) 부모님께서 결혼하신 지 20년이 지났어요.

(2) 고향 친구를 만난 지 한 달이 됐어요.

(3) 점심을 먹은 지 2시간이 지났어요.

(4) 친구를 기다린 지 30분이 됐어요.

(5) 태권도를 배운 지 3년이 지났어요.

2. (1) 한국어를 배운 지 6개월이 넘었어요. / 지났
어요.

(2) 기숙사에 산 지 1년이 지났어요. / 넘었어요.

(3) 미용실에 간 지 일주일이 지났어요. / 넘었
어요.

(4) 영화관에서 영화를 본 지 3개월이 넘었어요.
/ 지났어요.

(5) 고등학교를 졸업 한 지 2년이 넘었어요. / 지
났어요.

▌문법(4)(174쪽)▐

1. 생략

예) 월요일 -수업하기, 아르바이트 하기, 숙제하기

2. (1) 일어나기   (2) 배우기

(3) 공부하기   (4) 마시기

(5) 읽기   (6) 건강하기

▌문법(5)(175쪽)▐

1. (1) 수업 시간이기 때문에 전화를 받을 수 없어요.

(2) 학생증이 없기 때문에 도서관에서 책을 못
빌려요.

(3) 날씨가 춥기 때문에 두꺼운 옷을 입어야 해요.

(4) 몸이 아프기 때문에 학교에 갈 수 없어요.

2. (2) 비 때문에   (3) 전화 때문에

(4) 돈 때문에   (5) 감기(열) 때문에

▌듣기(177쪽)▐

1. (1) ④

(2) ① (X)   ② (O)   ③ (X)

2. (1) ② 집 크기   ③ 가격

(2) 시간이 많이 걸리고 불편해요.

(3) ④

(4) ① (O)   ② (X)   ③ (O)

▌읽기(178쪽)▐

1. (1) 환전 때문에

(2) 부모님께서 보내 주신 돈도 찾고 체크 카드
도 만들려고

(3) ③

(4) ① (X)   ② (X)   ③ (O)

제9과

▌어휘(1)(182쪽)▐

1. (1)-ⓒ   (2)-ⓛ

(3)-ⓔ   (4)-ⓜ

(5)-ⓖ, ⓛ

2. (1) 메일   (2) 파일

(3) 채팅   (4) 블로그

(5) 댓글

▌어휘(2)(183쪽)▐

1. (1) 영상통화   (2) 연락처

(3) 답장   (4) 스팸메일

2. (1) 아직   (2) 마침

(3) 방금/금방   (4) 이따가

(5) 이미

▌문법(1)(185쪽)▐

1. (1) 나나 씨한테(서) / 상민 씨에게(서) 전화를 받
았어요.

(2) 아빠께 편지를 받았어요.

(3) 마이클 씨한테(서) / 마이클 씨에게(서) 선물
/ 장갑을 받았어요.

2. (1) 한테
　　(2) 한테, 한테서 / 한테
　　(3) 한테, 한테서 / 한테

▌문법(2)(186쪽)▌

1. (1) 비행기를 탄 적이 없습니다.
　　(2) 음식을 만든 적이 없습니다.
　　(3) 친구와 같이 운동을 한 적이 없습니다.
　　(4) 눈을 본 적이 없습니다.
　　(5) 김치를 먹은 적이 있어서

2. (1) 혼자 영화를 본 적이 있어요 / 없어요.
　　(2) 밤을 새운 적이 있어요 / 없어요.
　　(3) 시험에서 100점을 받은 적이 있어요 / 없어요.
　　(4) 유명한 가수의 공연을 보러 간 적이 있어요
　　　　/ 없어요.
　　(5) 번지점프를 한 적이 있어요 / 없어요.

▌문법(3)(188쪽)▌

1.

	과거	현재	미래
먹다	먹은 것 같다	(먹는 것 같다)	먹을 것 같다
가다	(간 것 같다)	가는 것 같다	(갈 것 같다)
공부하다	(공부한 것 같다)	(공부하는 것 같다)	(공부할 것 같다)
예쁘다	예뻤을 것 같다	(예쁜 것 같다)	(예쁠 것 같다)
작다	(작았을 것 같다)	(작은 것 같다)	작을 것 같다

2. 생략

3. 예)

이름	5년 전	현재	10년 후
장나나	귀여웠을 것 같다	예쁜 것 같다	아름다울 것 같다

▌문법(4)(189쪽)▌

1. (1)-⑩, 시험을 잘 보기 위해서 열심히 공부했
　　어요 / 공부해요 / 공부하고 있어요 / 공부
　　할 거예요.
　　(2)-ⓒ, 선물을 사기 위해(서) 백화점에 갔어요
　　/ 가요 / 가고 있어요 / 갈 거예요.
　　(3)-㉠, 친구 결혼식을 보기 위해서 고향에 다
　　녀왔어요.
　　(4)-ⓛ, 비행기표를 사기 위해서 아르바이트를
　　했어요 / 해요 / 하고 있어요 / 할 거예요.
　　(5)-㉣, 책을 빌리기 위해(서) 도서관에 가요.

2. 예) 친구를 위해서 선물을 샀어요.
　　나의 미래를 위해서 열심히 공부해요.
　　건강을 위해서 좋은 음식을 먹어요.

3. 예) 제 꿈은 영화배우입니다. 저는 영화배우가
　　되기 위해서 좋은 영화를 많이 봅니다. 그리
　　고 연기 연습도 많이 합니다.

▌문법(5)(191쪽)▌

1. (1)-⑩, 친구가 소개해 줘서 그 사람을 알게 되
　　었어요.
　　(2)-ⓒ, 학교에서 집까지 멀어서 이사를 하게 되
　　었어요.
　　(3)-ⓛ, 〈부산행〉을 본 후에 그 배우를 좋아하
　　게 되었어요.
　　(4)-㉠, 휴대폰이 계속 고장 나서 새로 사게
　　되었어요.
　　(5)-㉣, 여행을 가고 싶어서 아르바이트를 하게
　　되었어요.
　　(6)-ⓗ, 우유를 먹고 배탈이 난 후에 우유를 싫
　　어하게 되었어요.

2. (1) (많이 보니까) 좋아하게 되었어요.
　　(2) 한국에 온 후부터 직접 하게 되었어요.

(3) 처음에는 못했는데 공부를 열심히 해서 잘 하게 되었어요.

(4) 시험이 있어서 못 가게 됐어요.

(5) 아니요, 잘 못 먹었는데 한국에 와서 잘 먹게 되었어요.

▌듣기(193쪽)▐

1. (1) ②

(2) 민수 씨에게 전화를 걸 겁니다.

(3) ① (X)　　② (O)　　③ (O)

2. (1) ①　　　　　　　　(2) ③

(3) ① (X)　　　　② (O)

③ (O)　　　　④ (X)

⑤ (X)

▌읽기(195쪽)▐

1. (1) ②

(2) ④

(3) ① (O)　　　　② (X)

③ (O)　　　　④ (X)

제10과

▌어휘(1)(200쪽)▐

1. (1) 간식　　　　　　(2) 각자

(3) 부탁　　　　　　(4) 재료

(5) 새벽

2. (1) 썰었습니다　　　(2) 데쳤습니다

(3) 넣으세요　　　　(4) 말았습니다

(5) 섞으세요

3. (1) 끓여요　　　　　(2) 쪄요

(3) 구워요　　　　　(4) 삶아요

▌문법(1)(203쪽)▐

1. (2) 시험 문제가 쉬웠으면 좋겠습니다.

(3) 빨리 나았으면 좋겠습니다.

(4) 집에 가서 쉬었으면 좋겠습니다.

(5) 오후에 수업을 들었으면 좋겠습니다.

(6) 어머니께서 만든 음식을 먹었으면 좋겠습니다.

2. (1) 생겼으면 좋겠어요.

(2) 잘 봤으면 좋겠어요.

(3) 깨끗했으면 좋겠어요.

(4) 최신 휴대폰을 받았으면 좋겠어요.

(5) 맑았으면 좋겠어요.

(6) 유명한 가수가 왔으면 좋겠어요.

▌문법(2)(205쪽)▐

1. 생략

2. (1) 여행을 가기로 했어요.

(2) 2시에 만나기로 했어요.

(3) 남자 친구와 영화를 보기로 했어요.

(4) 부모님과 저녁을 같이 먹기로 했어요.

(5) 고향으로 돌아가기로 했어요.

▌문법(3)(207쪽)▐

1. (1) 영화를 볼까 해요.

(2) 내년에 갈까 해요.

(3) 도서관에서 공부를 할까 해요.

(4) 책을 살까 해요.

(5) 학교 식당에서 먹을까 해요.

2. (1) 갈까 합니다.

(2) 먹을까 합니다.

(3) 잘까 합니다.

(4) 만날까 합니다.

3. 생략

예) 고향에 갈까 합니다. 고향에 가서 부모님을 만날까 합니다.

▌문법(4)(209쪽)▌

1. (1) 비가 올까 봐

(2) 어려울까 봐

(3) 기차를 놓칠까 봐

(4) 좋아하시지 않을까 봐

(5) 화를 낼까 봐

▌문법(5)(210쪽)▌

1. (1) 버스를 기다리면서 전화를 해요.

(2) 샤워를 하면서 노래를 불러요.

(3) 그 사람은 가수(이)면서 영화배우예요.

(4) 음악을 들으면서 운전을 해요.

(5) 텔레비전을 보면서 밥을 먹어요.

2. 생략

예) 〈같이 할 수 있는 일〉

커피를 마시면서 책을 읽어요.

〈같이 하면 안 되는 일〉

영화관에서 영화를 보면서 친구와 이야기 하면 안 돼요.

▌듣기(212쪽)▌

1. (1) 갈비, 불고기

(2) 김밥

(3) ① (X) ② (X)

③ (X) ④ (O)

2. (1) ③

(2) ④ → ⑤ → ① → ③ → ②

(3) ① (O) ② (O)

③ (O) ④ (X)

▌읽기(214쪽)▌

1. (1) ① 한국 사람들이 여름에 많이 먹는 음식

② 건강에 아주 좋은 음식

(2) ③

(3) ④

(4) ① (O) ② (X)

③ (X) ④ (O)

열려라! 한국어 2 워크북 **듣기 지문**

1. 저는 운동을 좋아합니다. 봄에는 친구들과 같이 농구나 축구를 합니다. 날씨가 따뜻해서 매일 운동을 합니다. 여름에는 너무 덥고 습해서 운동을 안 하고 싶습니다. 하지만 수영은 재미있습니다. 그래서 여름에는 해수욕장에 갑니다. 가을에는 등산을 합니다. 올해 설악산에 가려고 합니다. 저는 추워서 겨울을 좋아하지 않습니다. 그래서 겨울에는 볼링을 칩니다.

2. 여러분은 일기 예보를 자주 듣습니까?
저는 매일 아침 일기 예보를 듣습니다. 일기 예보를 듣고 옷을 입습니다. 어제는 날씨가 추워서 옷을 많이 입었고, 오늘은 따뜻해서 많이 입지 않았습니다. 내일은 비가 올 겁니다. 그래서 우산을 가지고 갈 겁니다.

1.

솔롱고: 상민 씨, 집이 어디예요?

상 민: 학교에서 가까워요.

솔롱고: 어떻게 가요?

상 민: 학교에서 나가서 오른쪽으로 가요. 그리고 편의점 앞에서 길을 건너서 앞으로 가요. 그럼 약국 옆에 우리 집이 있어요.

솔롱고: 아, 우리 집하고 상민 씨 집이 가까워요. 그 약국 앞에서 길을 건너서 왼쪽으로 조금 가세요. 식당 옆이 우리 집이에요.

상 민: 그래요? 정말 가깝네요.

2.

어제 놀이공원에 친구들과 같이 갔습니다. 우리는 학교 앞에서 만났습니다. 학교에서 강변역까지 버스로 2시간이 걸렸습니다. 강변역에서 내려서 지하철 2호선을 탔습니다. 지하철 안은 사람들이 많았습니다. 그리고 잠실역에서 내렸습니다. 강변역에서 잠실역까지 5분쯤 걸렸습니다. 잠실역에서 2번 출구로 나갔습니다. 그런데 놀이공원이 없었습니다. 그래서 사람들에게 물었습니다. "놀이공원은 어떻게 가야 해요?" "4번 출구로 나가서 앞으로 가세요. 그리고 약국 앞에서 길을 건너서 오른쪽으로 조금 가세요." 그래서 우리는 다시 지하철역으로 들어가서 4번 출구로 나갔습니다. 놀이공원까지 10분 걸렸습니다. 놀이공원은 정말 재미있었습니다.

1.
상민: 나나 씨는 무슨 운동을 좋아해요?

나나: 저는 축구를 좋아해요.

상민: 그래요? 오늘 제가 옆 반 친구들과 축구를 하는데 보러 오세요.

나나: 미안해요. 저도 가고 싶지만 내일 시험이 있어서 오늘은 공부를 해야 해요.

상민: 그럼, 다음에 보러 오세요.

2.
누나와 나는 모두 운동을 좋아해요.

나는 야구와 축구를 많이 하고 누나는 요가와 헬스를 많이 해요. 나는 저녁에 운동장에서 운동을 하지만 누나는 아침에 체육관에서 운동을 해요. 나는 주말에만 운동을 하지만 누나는 날마다 운동을 해요. 나는 누나랑 같이 운동하고 싶어요. 하지만 일찍 일어날 수 없어서 혼자 운동을 해요.

1.

카잉: 정아 씨, 이번 방학에 뭐 할 거예요?

정아: 저는 수영을 배우거나 친구와 여행을 갈 거예요.

　　　카잉 씨는요?

카잉: 여행을 가서 사진을 찍으려고 해요.

정아: 카잉 씨 취미가 여행이에요?

카잉: 네, 제 취미는 여행, 영화 감상, 운동, 사진 찍기예요.

　　　이번 주말에 친구들과 함께 설악산이나 제주도에 갈 거예요.

　　　정아 씨도 같이 갈래요?

정아: 정말요? 저도 여행을 좋아해요. 이번 주말에 시간이 있으니까 같이 가요.

2.

상민: 나나 씨, 이번 주말에 시간이 있어요?

나나: 미안해요. 이번 주말에는 시간이 없어요. 다음 주부터 시험이어서 공부를 해야 해요.

　　　왜요?

상민: 시간이 있으면 같이 설악산에 가려고 했어요.

　　　저는 등산을 좋아해서 지난 주말에도 갔는데 정말 좋았어요.

나나: 그래요? 다음 주말은 어때요?

상민: 좋아요. 다음 주말에 갑시다. 그런데 나나 씨는 뭘 좋아해요?

나나: 저는 요리를 좋아해서 요즘 한국 요리를 배우고 있어요.

　　　지난주에는 불고기를 배웠어요.

상민: 불고기가 맵지 않고 맛있어서 외국인들이 좋아하지요? 저도 좋아해요.

나나: 그래요? 다음에 제가 만들어 줄까요?

상민: 정말 고마워요.

1. 아사코: 제주도에 오니까 정말 좋군요!

솔롱고: 네, 날씨도 좋고 바람도 시원해서 기분이 정말 좋아요.

그런데 오늘 많은 곳을 구경해서 조금 피곤해요.

아사코: 저도 조금 피곤해요. 그런데 솔롱고 씨는 오늘 어디가 제일 재미있었어요?

솔롱고: 저는 민속 마을이 제일 재미있었어요.

아름다운 경치를 보고 제주도 사람들의 생활 모습도 볼 수 있어서 좋았어요.

아사코 씨는요?

아사코: 저는 식물원이 재미있었어요. 또 해수욕장도 좋았어요.

바다가 정말 아름다웠어요.

솔롱고: 우리 내일은 어디에 갈까요?

아사코: 내일은 한라산으로 등산을 갑시다.

솔롱고: 좋아요. 그럼 우리 빨리 가서 쉽시다. 내일은 일찍 일어나야 돼요.

아사코: 맞아요, 그런데 솔롱고 씨, 저는 내년에 다시 가족들과 제주도에 오고 싶어요.

솔롱고: 네. 저도 제주도에 다시 오고 싶어요.

겨울에 남자 친구하고 같이 와서 제주도의 겨울 바다를 보고 싶어요.

2. 우리 반 친구들은 모두 한국 여행을 안 해 봤어요. 그래서 가고 싶은 곳이 많아요. 키가 큰 나나 씨는 바다에 가서 수영을 하고 싶어 해요. 그래서 동해 바다나 제주도에 가고 싶어 해요. 친절한 동동 씨는 등산을 좋아해서 산에 가고 싶어 해요. 항상 조용한 아사코 씨는 유명한 비빔밥을 먹고 싶어서 전주에 가고 싶어 해요. 그리고 한국 역사에 관심이 많은 저는 경주에 가서 불국사를 보고 싶어요.

우리 학교는 다음주부터 방학이에요. 하지만 방학이 짧고 친구들이 바빠서 먼 곳에 갈 수 없어요. 그래서 서울 인사동에 가려고 해요. 인사동에서는 한국 전통 음식을 먹어 볼 수 있어요. 그리고 가게가 많이 있는데 옛날 물건을 팔아요. 그 가게들을 구경하면 재미있을 거예요.

1. 정 아: 도서관 앞에 있는 사람이 누구예요?

    마이클: 빨간 모자를 쓰고 짧은 바지를 입은 사람이요? 제 여자 친구 안나예요.

    정 아: 그 옆에 파란 바지를 입고, 키가 큰 남자는요?

    마이클: 아! 미국에서 온 스티브 씨예요.

    정 아: 그 옆에 노란 치마를 입고, 커피를 마시고 있는 여자는 누구예요?

    마이클: 스티브 씨의 부인이에요. 1년 전에 결혼했어요. 두 사람 잘 어울리지요?

    정 아: 네, 정말 잘 어울리네요.

2. 오늘은 솔롱고 씨의 생일이에요. 우리 반 친구들이 솔롱고 씨 생일 파티에 왔어요. 짧은 머리에 티셔츠를 입은 동동 씨는 지갑을 선물했어요. 마이클 씨는 솔롱고 씨에게 선물로 책을 주었어요. 마이클 씨는 동동 씨와 상민 씨보다 키가 더 커요. 상민 씨는 선물을 준비 못 했어요. 아사코 씨는 긴 머리에 원피스를 입었어요. 직접 만든 케이크를 선물했어요.

1. 〈전화벨 소리〉

나 나: 여보세요?

마이클: 어! 나나 씨, 목소리가 왜 그래요? 어디 아파요?

나 나: 네, 감기에 걸렸어요.

마이클: 많이 아파요? 병원에는 갔어요?

나 나: 아니요, 오늘은 너무 바빠서 못 갔어요. 내일 가려고 해요.

열은 안 나는데 목도 아프고 콧물도 나고 기침도 해서 힘들어요.

마이클: 밥은요?

나 나: 친구가 죽을 만들어 줘서 먹었어요.

마이클: 감기에 걸렸을 때는 따뜻한 물을 자주 마시는 것이 좋아요.

우리 집에 감기에 좋은 생강차가 있는데 제가 내일 학교에 가져갈게요.

나 나: 고마워요, 마이클 씨. 내일 만나요.

2. 정아: 어! 동동 씨, 어디 가요?

동동: 병원에 가요. 친구가 아파서 병원에 있어요.

정아: 그래요? 친구가 어디가 아파요?

동동: 어제 축구 경기가 있었는데 넘어져서 팔을 다쳤어요.

정아: 많이 다쳤어요?

동동: 네, 일주일쯤 병원에 있어야 해요. 아! 정아 씨, 무엇을 사 가면 좋을까요?

정아: 요즘 맛있는 과일이 많으니까 과일을 사 가세요.

병원에 있으면 심심해서 만화책도 좋을 거예요.

동동: 그럼 만화책이 좋겠군요.

정아: 저도 책을 사러 가려고 하는데 지금 같이 갈까요?

동동: 네, 좋아요.

1.

동 동: 마이클 씨, 어디 가세요?

마이클: 미국에 있는 친구에게 돈을 보내러 우체국에 가는데요.

동 동: 우체국이요? 우체국에서 돈도 보낼 수 있어요?

마이클: 네, 돈도 보낼 수 있고 보험도 들 수 있어요. 그리고 택배 서비스도 있어요.

동 동: 정말요? 그런데 택배가 뭐예요?

마이클: 택배는 물건을 부치는 것과 비슷해요.

우체국 직원이 직접 집에 와서 물건을 가지고 가요.

동 동: 와~ 우체국에 가지 않고 물건을 보낼 수 있어서 진짜 편하겠어요.

마이클: 우체국에서 택배 서비스가 생긴 지 오래 되었어요. 돈도 많이 들지 않아요.

동동 씨도 이용해 보세요.

동 동: 네, 그럴게요.

2.

상 민: 아사코 씨, 학교 근처에 집을 구했어요?

아사코: 아니요, 아직 못 구했어요. 직접 집을 보러 다녀야 해서 시간도 많이 걸리고 불편해요.

상 민: 요즘에는 인터넷으로도 집을 구할 수 있어요. 아주 편해요.

아사코: 그래요? 어떻게 해야 해요?

상 민: 부동산 사이트에서 아사코 씨가 살고 싶은 곳, 집 크기, 가격으로 찾으면 돼요. 마음에 드는 집이 있을 거예요.

아사코: 정말 편하네요. 하지만 직접 보지 않아도 돼요? 믿을 수 있어요?

상 민: 네, 사진을 볼 수 있기 때문에 괜찮을 거예요.

아사코: 그래요? 그럼 저도 인터넷으로 찾아볼게요. 고마워요. 상민 씨.

1. 〈전화 연결음 후, 컴퓨터 음성안내〉

음성안내: 연결이 되지 않아 음성사서함으로 연결되며 '삐'소리 후 통화료가 부과됩니다.

민수: 나나 씨, 저 민수인데요. 전화도 안 받고 문자메시지를 보냈는데 답이 없어서 음성 메시지를 남겨요. 약속 시간에 30분 정도 늦을 것 같아요. 미안해요. 휴일이라서 길이 더 막히는 것 같아요. 나나 씨가 많이 기다릴 것 같아서 전화했는데 전화를 안 받네요. 이 메시지를 들으면 저에게 다시 전화해 주세요. 정말 미안해요.

2. 〈전화벨소리〉

마이클: 여보세요?

나 나: 네, 여보세요? 혹시 마이클 씨예요?

마이클: 네, 맞는데요. 누구세요?

나 나: 마이클 씨! 저 나나예요. 예전에 마이클 씨와 같이 순천향대학교에서 한국어를 공부했는데⋯⋯.

마이클: 아, 나나 씨! 오랜만이에요. 정말 반가워요.

나 나: 그동안 잘 지냈어요?

마이클: 네, 잘 지냈어요. 그런데 왜 이렇게 오랜만에 연락을 했어요? 정말 보고 싶었어요.

나 나: 제가 메일을 보냈는데, 받지 못했어요?

마이클: 메일이요? 못 받았어요.

나 나: 메일을 세 번이나 보냈는데 답장이 없어서 좀 이상했어요. 제가 알고 있는 주소가 틀린 것 같아요. 하지만 이렇게 다시 연락이 되니까 정말 좋네요.

마이클: 네, 저도 정말 좋아요. 그런데 제 전화번호는 어떻게 알았어요?

나 나: 정아 씨한테서 들었어요. 마이클 씨는 지금 어디에 있어요?

마이클: 저는 계속 한국에 있어요. 대학교에서 공부하고 있어요.

나 나: 그래요? 저도 지금 한국에 있어요. 참, 마이클 씨. 저 다음 달에 결혼해요. 마이클씨도 와 줄 거지요?

마이클: 당연하지요. 정말 축하해요. 결혼 전에 한번 만나요.

나 나: 네, 좋아요.

1.

상 민: 아사코 씨, 한국 음식 중에서 무슨 음식을 가장 좋아해요?

아사코: 고기로 만든 음식은 다 좋아하는데, 특히 갈비와 불고기를 정말 좋아해요.

상 민: 그렇군요. 그러면 갈비를 만들 수 있어요?

아사코: 아니요, 하지만 김밥은 만들 수 있어서 자주 해서 먹어요.

상 민: 정말요? 김밥 만드는 것도 쉽지 않은데, 정말 만들 수 있어요?

아사코: 네, 김밥은 안에 여러 가지 재료를 넣고 만들면 돼요.

상 민: 그럼 다음 주에 만들어 주세요. 재료는 제가 사 올게요.

아사코: 좋아요, 그럼 다음 주에 같이 김밥을 만들기로 해요.

상 민: 김밥을 만들어 본 적은 없지만 저도 도울게요.

2.

지난 주말에 인터넷으로 요리 방법을 찾아서 한국 음식을 처음 만들었습니다. 집에 식용유, 간장, 참기름, 설탕은 있었습니다. 그래서 마트에 가서 당면, 소고기, 버섯, 시금치, 당근, 양파를 샀습니다. 집에 돌아와서 먼저 재료부터 깨끗하게 씻었습니다. 소고기, 버섯, 시금치, 당근, 양파를 썰고, 프라이팬에 식용유를 조금 넣은 후에 볶았습니다. 물을 끓인 후 당면을 삶았습니다. 삶은 당면을 찬 물에 헹군 후 큰 그릇에 넣었습니다. 미리 볶은 재료와 간장, 설탕, 참기름을 넣고 섞었습니다. 정말 맛있었습니다. 다음에는 불고기를 만들어 보려고 합니다.